A3

English G 21

What's in? What's on? What's up?

Unterrichtsideen zum Film mit Kopiervorlagen

Cornelsen

→ Kontinuität und Neuanfang

Die Film-DVDs *Out and About 1/2* für das erste und zweite englische Lernjahr an weiterführenden Schulen boten eine abwechslungsreiche und unterhaltsame Erweiterung der *English G 21*-Produktpalette.
Vieles aus diesen Vorläufern, wie zum Beispiel Layout und Struktur sowie eine Synopse und eine Übersicht über die Lernziele, wurde beibehalten, um den Kolleginnen und Kollegen, die bereits mit den ersten Bänden gearbeitet haben, ein Höchstmaß an Kontinuität und Wiedererkennungswert zu bieten. Zugleich muss es im dritten Teil Neuerungen geben.
Bereits der Name „*WWW – What's in? What's on? What's up?*" verdeutlicht, dass die Schülerinnen und Schüler (S) nun zu neuen sprachlichen Ufern aufbrechen.

→ Authentizität

Die inhaltliche Klammer innerhalb der einzelnen *Programmes* bilden die Moderationen unserer neuen *presenters*, Sarah und Yemi, aus dem WWW-Studio. Sarah, Amerikanerin, und Yemi, Brite, sind coole, kompetente *Twenty-somethings*, die es Ihren S leicht machen, sich mit ihnen zu identifizieren. In den Studioszenen sollen die S nur das authentische Englisch genießen.
Lag auch bisher schon der Fokus auf Authentizität, da die S an reale Schauplätze in Bristol und Umgebung geführt wurden, erweitert Band 3 nun diesen Anspruch, indem nicht mehr mit didaktisierten Filmclips, sondern mit originalem Filmmaterial gearbeitet wird.

→ Aufbau und Konzept

Die Arbeit mit authentischem Filmmaterial erfordert eine besonders behutsame Herangehensweise, um die S nicht zu überfordern. Zum einen wird dies durch optional zuschaltbare Untertitel erreicht, die das Verständnis erleichtern. Zum anderen lehnen sich die fünf *Programmes* der DVD thematisch an die Units des Schülerbuches an.
An passender Stelle in einer Unit eingesetzt, ermöglichen die *Programmes* Ihren S, die Landschaften und Menschen der in den Units vorgestellten Länder und Regionen auf eine neue Art und Weise zu erleben. Zudem haben die S die Möglichkeit, das während der Arbeit mit dem Schülerbuch gelernte Vokabular bei der Beschäftigung mit einem anderen Medium zeitnah einzusetzen und zu erweitern.
Die Anregungen für die Arbeit mit den Filmausschnitten sind, analog zum Lese- und Hörverstehen, in *Pre, While* und *Post viewing*-Ideen gegliedert. Dies bezieht sich im Allgemeinen auf die Filmausschnitte und nur in Ausnahmefällen auf die Studiomoderationen.

→ Kompetenzen

Das Hauptanliegen der DVD ist natürlich die Schulung des Hör-/Sehverstehens sowie der interkulturellen Kompetenz. Gleichzeitig vereint die Arbeit mit der DVD alle Vorzüge auditiver und visueller Unterrichtsmedien, um dem erweiterten Textbegriff, der das Medium Film einschließt, gerecht zu werden.
Die S bilden ihre *visual literacy*, die sie von Fersehen und Internet mitbringen, durch die Arbeit mit dieser DVD zielgerichtet aus. Die dazu nötigen Dekodierungsstrategien der Filmsprache werden eingeführt und spielerisch entwickelt. Das heißt, es geht darum, die S bei diesen ersten Schritten hin zu *Film Studies* auf der *Comprehension*-Ebene zu begleiten, ohne sie dabei im dritten Lernjahr mit unnötiger Fachterminologie zu belasten.
Die S erkennen, dass die paralingualen, nonverbalen Informationen, die der Film liefert, ihnen helfen, den Kontext zu verstehen. Sie müssen keine Scheu vor der Fremdsprache haben, da der Film und die Arbeitsanregungen in diesem Heft sie zum Global-, aber auch zum Detailverständnis einer Filmszene führen.

→ Schülerorientierung / Motivation

Das Medium Film motiviert besonders durch seine Schülernähe dazu, sich mit der Fremdsprache und den kulturellen Gegebenheiten auseinanderzusetzen. Diese intrinsische Motivation machen wir uns im Unterricht zunutze, um *media literacy* bei den S anzulegen sowie eine Sensibilisierung der S hinsichtlich der Vorgehensweise des Mediums Film, seiner Macher, und der Tatsache zu bewirken, dass Film eine mehrfach kodierte Textsorte ist.
Eine möglichst große Aufgaben- und Methodenvielfalt ermöglicht es jedem Lernertyp, sich aktiv mit den präsentierten Inhalten auseinanderzusetzen.

→ Differenzierung / kooperatives Lernen

Es gibt auch in diesem Band Möglichkeiten zur Differenzierung und zur Arbeit in unterschiedlichen Sozialformen (Einzel-, Partner- und Gruppenarbeit), mittels derer Sie Ihre lernstarken S fordern und gleichzeitig lernschwächere S fördern können. Oder geben Sie diese Aufgabe der Förderung an leistungsstarke, sozialkompetente S ab: Forderung durch Förderung.

→ Zeitplanung

Die einzelnen *Programmes* haben eine Laufzeit von ca. 10 Minuten. Die ausgearbeiteten Unterrichtsideen sind so angelegt, dass sie in einer Doppelstunde unterrichtet werden können. Sie werden beim Durchblättern dieser Handreichung feststellen, dass viele Ideen erweiterbar sind und/oder optional gestellt wurden. Das gibt Ihnen die Möglichkeit, die Verlaufspläne vollständig oder in Teilen und somit auch innerhalb einer einzelnen Unterrichtsstunde einzusetzen.

→ Weiterführende Ideen

Auf dieser Seite finden Sie Ideen, die den zeitlichen Rahmen einer normalen Englischstunde überschreiten oder zu weit vom eigentlichen Themenfokus des jeweiligen *Programme* wegführen: Ideen für Internetprojekte, AG-Arbeit, fachverbindenden Unterricht, bilingualen Unterricht und mögliche Referatsthemen.

→ Technische Details

Diese DVD ist ein Zusatzprodukt, das komplett für sich unterrichtet werden kann. Ebenso kann auch das Lehrwerk ohne die DVD unterrichtet werden.
Die einzelnen *Programmes* bauen nicht aufeinander auf. Daher können Sie problemlos diejenigen auswählen, die für Ihren Unterricht am geeignetsten sind.
Jedes *Programme* selbst kann am Stück gezeigt werden. Sie können auch einzelne Filmausschnitte anwählen, um sie beispielsweise vergleichend nacheinander laufen zu lassen.
Manchmal muss die DVD gestoppt werden, damit die S eine bestimmte Aufgabe erledigen können. „Stoppen" bedeutet hier, die Pausetaste zu drücken, da die meisten DVD-Player beim Drücken der Stopptaste automatisch an den Anfang des jeweiligen *Programme* zurückgehen.
Bisweilen geben Sarah und Yemi im Anschluss an den Filmausschnitt die Lösung, so dass die S ihre Ergebnisse selbst überprüfen können.

→ End credits

Ich hoffe, dass Ihren S, und nicht zuletzt Ihnen die Arbeit mit *WWW 3* und den hier gesammelten Arbeitsmaterialien viel Spaß macht und dass diese Ihren Arbeitsalltag bereichern und entlasten!

Michael Böhm, StR (Elisabeth-Gymnasium, Mannheim)

KV	Kopiervorlagen
HA	Hausaufgabe
OHP	Overheadprojektor
L	Lehrer/-in
S	Schüler/-in(nen)
○	leichte Aufgabe
●	schwierige Aufgabe
👥	Partnerarbeit
👥👥	Gruppenarbeit

Alle Filmclips können im Menü auch einzeln angewählt werden.

	Programme 1: London (Gesamtdauer 09:35)	Von – bis	Gesamt
Fotomontage	Montage: London	01:02–03:02	02:00
Spielfilm	Notting Hill (at the market)	03:59–05:32	01:33
Spielfilm	Notting Hill (traffic scene)	06:15–07:10	00:55
Fotos + Dokumentation	London street markets	07:38–08:55	01:17
Spielfilm/Interview	EXTRA: Brick Lane		03:48

	Programme 2: Scotland (Gesamtdauer 10:34)		
Spielfilm	William Wallace	01:33–02:08	00:35
Dokumentation	Over the Sea to School (Orkney Island)	03:35–05:35	02:00
Dokumentation	Over the Sea to School (A typical school day)	06:02–08:40	02:38
Musikvideo	Travis Music Video	09:00–10:06	01:06

	Programme 3: Up North (Gesamtdauer 09:19)		
Dokumentation	I Love MCR (introduction)	01:13–02:10	00:57
Dokumentation	I Love MCR (Youth hostels)	03:02–03:38	00:36
Fotomontage	Montage: Manchester football	03:57–04:25	00:28
Spielfilm	Goal	05:14–05:41	00:27
Dokumentation	Making of "Goal"	06:26–08:08	01:42

	Programme 4: Canada (Gesamtdauer 10:58)		
Dokumentation	Dragon boat races	02:03–02:49	00:46
Dokumentation	Toronto	03:00–04:13	01:13
Spielfilm	Fly Away Home (new/old home)	05:09–06:13	01:04
Spielfilm	Fly Away Home (geese)	06:56–08:16	01:20
Spielfilm	Fly Away Home (flying)	08:50–10:35	01:45

	Programme 5: Music, music, music (Gesamtdauer 12:55)		
Spielfilm	The Commitments (auditions)	01:06–03:34	02:28
Spielfilm	Fame	03:52–05:15	01:23
Spielfilm	School of Rock	05:31–10:08	04:37
Spielfilm	The Commitments (Mustang Sally)	10:47–12:27	01:40

Gesamtspielzeit: ca. 53 Minuten

London

→ Lernziele Die S
- verbalisieren intuitives Wissen zur Aussage von Filmpostern.
- lernen eine Filmszene zu „lesen".
- lernen das Medium Film als mehrfach kodierte Textsorte kennen.

OVERVIEW

Gesamtdauer 09:35 In this programme, two presenters, Sarah, an American, and Yemi, a true Londoner, both in their twenties, welcome the students and introduce the five different topics presented on the DVD. Then they talk about the first destination, London, using film clips taken from *Notting Hill* and photo montages to show different aspects of the city. An extra section on *Brick Lane* is included.

Einstieg Gehen Sie in medias res und zeigen Sie die erste Studioszene zunächst ohne weiteren Arbeitsauftrag, um den S die Möglichkeit zu geben die *presenters*, die sie locker und kompetent durch alle 5 *programmes* begleiten werden, kennen zu lernen.

Halten Sie die DVD mittels der Pausetaste nach der Montage von einigen von Londons Sehenswürdigkeiten an und fragen Sie Ihre S, was sie aus der Unit des Schulbuches wieder erkannt haben.

L *What did you recognize from the unit that we have worked on?*

Lösung *Houses of Parliament, London Eye, red telephone boxes, a member of the Queen's Guard, Bank of England, Tower Bridge, Big Ben, Westminster Abbey, British Museum, Natural History Museum, Marble Arch, Hyde Park, St. James's Park, Piccadilly Circus, London Trocadero, Leicester Square, Canary Wharf, the DLR, a sandwich, the Underground.*

[PRE VIEWING] Zeigen Sie die Studioszene inklusive des kurzen Films über die verschiedenen Facetten Londons weiter, bis die Filmposter von *Notting Hill* und *Brick Lane* bei 03:01 zu sehen sind. Stoppen Sie die DVD.

L *Where do you think these two films are set?*

KV 1 Legen Sie KV 1 als Folie auf den OHP und führen Sie Ihre S mittels einiger Leitfragen in die Welt der Sprache der Filmposter. Ihre S erkennen, dass sie vieles bereits intuitiv wissen. Nun üben sie dieses Wissen zu verbalisieren.

L *Let's look at these two film posters.*
L *What information can you get from them about the stories of the films?*
L *Who are the main characters?*
L *What can you say about them and their relationship to each other?*
L *What do the titles tell you about where these films take place?*
L *What do you know about Brick Lane and Notting Hill?*
L *Who are the actors?*
L *What kind of film do you expect with these actors?*

Lösungsvorschlag Notting Hill *seems to be about a man and a woman in their twenties or thirties. The woman might be more important because she is in the centre of the image and is much bigger than the man. He seems to be walking by her portrait, so she might be a famous person on a billboard. She looks very elegant but he looks casual and quite normal. The title tells us that the film is set in Notting Hill, an area in West London, which is famous for the Notting Hill Carnival and for being the neighbourhood of the*

(mostly white) rich and famous. The actors are Julia Roberts and Hugh Grant, so maybe the movie is a romantic comedy.
Brick Lane *seems to be about a young woman who looks Asian and might be living in the street of the same name. One can also see two children running across or playing in a grass field. They might be her kids or one of them might be her when she was a child. She looks serious. She is the only main character and the film is all about her. Brick Lane is a long street in the East End of London and is seen as today's heart of the Bangladeshi community in London. The actress is not famous so the film might be a low-budget independent film. Maybe the film is serious.*

Erweiterung Bitten Sie Ihre S nun, die folgende Frage zu diskutieren.
L *Would these posters make you want to see these films? Why (not)?*

Sollten einige S bereits einen der Filme kennen, sollten diese zusammen arbeiten und folgende Frage diskutieren.
L *If you know one of these films, are these posters good ads? Why (not)?*

Überleitung Jeder S erhält ein Exemplar der KV 2. Verteilen Sie die Aufgaben A, B, C, D.

KV 2

Tipp: Stoppen Sie unbedingt die DVD direkt nach der Filmszene, nachdem Sarah fragt: „Well, did you see the film effects that showed a whole year?", denn die *presenters* geben anschließend einige der Antworten.
Zeigen Sie Sarahs und Yemis Überleitung zum ersten Filmausschnitt und die Szene aus *Notting Hill* selbst.

[WHILE VIEWING]
Film Clip 1 (Notting Hill)

L *Watch the film clip and concentrate on your task. Take notes.*
Falls nötig, zeigen Sie die Szene ein weiteres Mal.

Lösung
(A) The weather: In the beginning it's sunny and warm. Then it's starting to rain with the rain getting heavier. It's getting cold and windy. Then it's snowing. In the end it's sunny and warm again.
(B) William: He is walking through the scene, meeting several people.
In the beginning he has his jacket over his shoulder. Then he puts on his jacket and in the end he is taking it off again.
(C) Woman with long red hair: In the beginning she is pregnant. In the end she is holding a baby in her arms.
(D) Woman with short red hair: In the beginning she is happy and in love with a man/ her boyfriend. In the end she is crying and hitting him.

[POST VIEWING]

Wenn es Platz in Ihrem Raum gibt, lassen Sie eine Art *jigsaw activity* folgen. Gruppen mit jeweils einem A, B, C und D treffen sich, um zu berichten, was sie beobachtet haben.

Vertiefung Mithilfe der KV 2 vertiefen die S in einem Unterrichtsgespräch ihr filmtechnisches Wissen. Sie erkennen, mit welch einfachen Mitteln im Film Zeit überbrückt werden kann. Falls diese Frage für Ihre S zu global formuliert ist, können Sie mithilfe der folgenden Fragen das Unterrichtsgespräch mehr lenken: „What can you say about time in this scene?"
L *How long was the scene in the film? (→ ca. 1.30 min)*
L *How much time went by in real life? (→ A whole year)*
L *How do you know? (→ cf. the answers from ex. 1)*
L *What does all of that tell us?*

Abschließend zeigen Sie die Studioszene, in der Sarah und Yemi die von Ihren S erarbeiteten Antworten bestätigen.

Lösung *This is telling us that William is "walking" through the four seasons. He is sad, but time goes by – life goes on.*

Alternative Bei dieser Alternative dürfen Sie Sarahs einleitende Worte nicht zeigen, da sie sich zu Williams Stimmung und dem im Film verwendeten Lied „Ain't no sunshine" äußert. Zeigen Sie daher direkt den ersten Filmausschnitt aus *Notting Hill.*

L *Watch this scene. What kind of music can you hear on the soundtrack? Why do you think this kind of music is used?*

[WHILE VIEWING]
Film Clip 1 (Notting Hill)

Die S notieren ihre Begriffe (die meisten werden Adjektive sein) an der Tafel und begründen ihre Wahl.

O In leistungsschwächeren Klassen können Sie an der Tafel einige Begriffe vorgeben. (*fast, slow, happy, sad, aggressive, classical, pop, rap, jazz, world music, instrumental, a cappella, choir music ...*)

Falls nötig, zeigen Sie die Szene ein weiteres Mal ohne Ton.

L *Imagine you are the director of this film. Which song would you use and why?*

Zeigen Sie jetzt die Szene mit Ton.

L *Now listen to the song. Describe it. Use the adjectives from the board.*

[POST VIEWING]

L *How does this music make you feel?*

Info Die S haben nun auf spielerische Art gelernt, dass Film eine mehrfach kodierte Textsorte ist, und dass die nonverbalen Informationen des Films ihnen helfen, den Kontext zu verstehen, aber auch, dass erst diese nonverbalen Elemente eine gewisse Stimmung hervorrufen bzw. betonen.

Optional / mögliche HA

L *Do you know other songs that create a mood or feeling? Bring them to class and prepare a short talk about your song and then play it to your class.*

OVERVIEW

Sarah and Yemi introduce the second film clip taken from *Notting Hill.* It is an action scene which takes place in the (in-)famous London traffic.

[WHILE VIEWING]
Film Clip 2 (Notting Hill)

L *Listen to the music while you are watching the clip. Compare it to the music in the market scene. Why do you think the director picked this song?*

Lösung *"Gimme some lovin" by the Spencer Davis Group is much faster and more aggressive than Bill Withers' "Ain't no sunshine". This song highlights the speed and craziness in traffic and on the street.*

OVERVIEW

Yemi introduces another new aspect of London by talking about immigrants in Britain and their influence on British culture. The montage and clips feature various local markets.

Einstieg Zeigen Sie Yemis einleitende Worte und lassen Sie die Bilder verschiedener Einwandererfamilien, „Brick Lane Market“, „Brixton Market“ und „Camden Lock“ auf Ihre S wirken.

[WHILE VIEWING]
Film Clip 3
(London street markets)

L *Watch this film clip. Let the pictures guide you. What do they make you think of?*

....

Lösung *Individuelle S-Antworten*

[POST VIEWING]
Optionale Erweiterung Da in dieser Montage verschiedene Speisen zu sehen sind, werden einige S wahrscheinlich genau daran denken – essen. Lassen Sie sie über ihre kulinarischen *likes and dislikes* sprechen.

Alternative Nachdem Sie die Abmoderation unserer *presenters* gezeigt haben, nehmen Sie deren Aussage „London is just so exciting. I wouldn't want to live anywhere else on earth.“ zum Anlass Ihre S über ihre Lieblingsstadt sprechen zu lassen.

L *Did you hear what Sarah and Yemi said about London? Where would you like to live and why?*

Extra track – Monica Ali and *Brick Lane*

➜ Lernziele Die S

- entnehmen einem Interview Detailinformationen zum Thema *outsiders*.
- vollziehen einen Perspektivwechsel und versetzen sich in die Gedankenwelt einer anderen Person.

OVERVIEW

Gesamtdauer 03:48 This extra track consists of three film clips. The first clip is taken from an interview with Monica Ali, author of the best-selling novel *Brick Lane*. The film clips are taken from its film adaptation. Yemi talks about Monica Ali before the interviews.

Einstieg Zeigen Sie die ersten 19 Sekunden des Programms, in denen Yemi aus dem Off einleitende Worte zu Monica Ali spricht, und stellen Sie mithilfe der folgenden Fragen das Globalverständnis der S sicher.

L *Who is Monica Ali?*
(➜ The author of the novel Brick Lane.*)*

L *Where does she come from?*
(➜ Bangladesh.)

L *What does she talk about? (or) What does she say about her roots?*
(➜ Her roots helped her write this book. She felt like an outsider as a kid.)

[PRE VIEWING] *KV 3* Zur Vorentlastung des folgenden Interviews, das Ali 2006 mit Gavin Esler von der BBC führte, erhalten die S das Interviewskript als Lückentext und spekulieren mit einem Partner mittels einer *gap activity*, was Ali, beziehungsweise der Interviewer, gesagt haben könnten (Aufg. 1).

[WHILE VIEWING] Zeigen Sie nun das Interview. Die S bearbeiten Aufgabe 2 der KV 3.

Lösung *mother, cultures, what, outsider, English, Bengali, at school, training, writer*

[POST VIEWING] Die S bearbeiten Aufgabe 3 der KV 3.

● Eventuell lassen Sie Ihre S Monica Alis Antwort nochmals laut lesen und klären einige Vokabeln.

Lösung *Her mother is English. Her father comes from what is now Bangladesh. She found it difficult to behave differently in Bengali and British situations.*

Optionale Erweiterung Überlegen Sie, ob die folgenden Aufgaben im Kontext Ihrer Klasse sinnvoll sind und denken Sie daran, keinen S zu stigmatisieren.

Erweiterung I **L** *If you have a similar family background to Monica Ali's, with parents from different cultures, what are some positive and negative experiences you have had with this?*

Erweiterung II **L** *What makes an outsider? Collect ideas on the board.*

L *When a new kid comes to your school, he or she might feel like an outsider, too, at first. Work in a group and collect ideas how to make this new student feel welcome.*

Die Ideen können in der Klasse gesammelt und anschließend auf einem großen Poster zusammengefasst und präsentiert werden.

Erweiterung III S mit Migrationshintergrund könnten von ihren Erfahrungen berichten, wie es für sie war, in einem neuen Land in eine neue Schule zu gehen.

OVERVIEW

Sarah and Yemi discuss being outsiders, then explain the conflict in the film clips: who wants to go back to Bangladesh, who doesn't, and why.

[PRE VIEWING] Zeigen Sie Sarah und Yemis Überleitung zum ersten Filmausschnitt aus *Brick Lane*. Stoppen Sie vor dem Filmausschnitt die DVD. Schreiben Sie folgende Aussage an die Tafel „Bangladesh is gone – it's another time!" und lassen Sie die S spekulieren.

L *Who might say that? To whom? What could it mean?*

[WHILE VIEWING] *Film Clip 2 (Brick Lane)* Die S sehen die Szene und achten darauf, wer dies äußert und wie die Person das tut. Stoppen Sie die DVD, nachdem die Tochter „Bangladesh is gone – it's another time!" sagt, da die nächste Szene direkt daran anknüpft.

L *"Bangladesh is gone – it's another time!" Who says it? To whom?*
(→ Shahana, the daughter, to her father)

L *What does she mean by that?*
(→ We don't live in Bangladesh anymore, we live in London now. Times have changed.)

L *Do you think she's right?*
(→ individuelle Lösungen)

L *What is the main problem?*
(→ Clash of generations/cultures. Her father still feels Bangladeshi, his daughter feels British.)

[POST VIEWING] *KV 4*

KV 4 dient der emotionalen Auseinandersetzung der S mit der Mutter, der Hauptfigur des Films, aber auch mit einer möglichen Gedankenwelt des Vaters. Zum einen können Ihre S kreativ werden, zum anderen hilft diese Aufgabe, die emotionale Tiefe des folgenden Filmausschnittes besser nachzuvollziehen.

Eventuell zeigen Sie den Filmausschnitt nochmals. Die S bearbeiten die KV 4.

Lösung *Individuelle S-Antworten*

Überleitung **L** *The next clip will be our last clip for today. I will play you the scene without sound and I would like you to concentrate on the body language of the actors. What is happening? What does their body language tell you?*

[WHILE VIEWING] *Film Clip 3 (Brick Lane)*

Zeigen Sie den Filmausschnitt ohne Ton und ohne Untertitel bis zum Ende. Anschließend äußern sich Ihre S zu den von Ihnen gestellten Fragen.

Lösung *They are standing very close. She is holding his face in both hands. She seems to love this man and care about him. He is shaking his head. They both look sad. In the end they are hugging each other.*

L *Watch again with sound.*
a) What is the mother (Nanzeen) telling her husband?
b) What is his answer?
c) Were you correct in your guesses from before?

Lösung *She wants to stay in England, this is her home now. He says he has to go back to Bangladesh. Yet, their body language says they are still very much in love.*

[POST VIEWING]

Abschließend sollten Sie Ihren S sagen, dass „Abba", der Vater, nach Bangladesh zurückkehrt. Sie können natürlich die S auch spekulieren lassen.

L *What do you think will happen in the end?*

mögliche HA **L** *Write a letter as the daughter to her father in Bangladesh (about 80 words).*

O Geben Sie ein paar Begriffe vor, die in dem Brief vorkommen sollen.
(→ Abba = father, Amma = mother, life, London, Bangladesh, (to) feel sorry, (to) miss sb., (to) visit, different, new job, school ...)

Erweiterung **O** **L** *Work with a partner and write a list: What do you think is really good about "home" and what things would you miss if you weren't there?*

Erweiterung **●** **L** *How might you feel or what would you do if you had to leave your home?*

Scotland

➜ Lernziele

Die S

- lernen Landeskundliches und Geschichtliches über Schottland.
- kennen die Zusammensetzung des Union Jack.
- üben den Stil des Tagebucheintrags.
- vergleichen verschiedene Schultypen.
- kommentieren ein Musikvideo.

OVERVIEW

Gesamtdauer 10:34

In this programme, a short history of Scotland and its relations to England is presented. In addition to a photo montage of Scottish institutions, there are clips about William Wallace, a special secondary school and music from a Scottish band.

[PRE VIEWING]
Optional / mögliche HA
KV 5

Lassen Sie KV 1 als vorentlastende Aufgabe bearbeiten, damit sich Ihre S mit der Tatsache auseinandersetzen, dass Großbritannien, beziehungsweise das Vereinigte Königreich, aus mehr als einem Land besteht. Die S dürfen gerne ein Lexikon oder das Internet zurate ziehen. Allerdings werden besonders pfiffige S das Arbeitsblatt auch nur mithilfe der Hinweise in der Box lösen können.

Lösung

1st flag: The national flag of England, St George's Cross.
2nd flag: The national flag of Scotland, St Andrew's Cross.
3rd flag: A flag of Irish origin, St Patrick's Cross.

Info

Die Flagge von Wales findet man nicht im „Union Jack“. Der „Union Jack“ besteht nur aus Flaggen von Ländern, die an der „Act of Union“ in 1536 beteiligt waren. Die Verbindung zwischen England und Wales bestand bereits vorher.

Die S verbalisieren kurz ihr Wissen über die Zusammensetzung des *Union Jack*. Info: Bei 00:45 sieht man den *Union Jack* kurz im Bild.

[WHILE VIEWING]
(Studioszene)

Zeigen Sie nun Sarah und Yemis Anmoderation bis Sarah sagt „That's over 700 years ago!“, und sichern Sie das Verständnis durch folgende Fragen:

L *What should you never say to a Scottish person?*
(➜ That he/she is English.)
L *Why should you never say that to a Scottish person?*
(➜ Because some don't like/hate the English.)
L *How do the Scottish see themselves?*
(➜ They see themselves as different from the English.)
L *What do they want?*
(➜ Some want their independence.)
L *For how long have they tried to get their independence?*
(➜ For more than 700 years.)

OVERVIEW

Sarah and Yemi welcome the students and talk about Scotland's history during the clips of William Wallace's battles and the photo montages.

Überleitung

Zeigen Sie nun Yemis Überleitung zum heutigen ersten Filmausschnitt. Stoppen Sie dann die DVD und erteilen Sie folgenden Arbeitsauftrag, bevor Sie den Filmausschnitt das erste Mal ohne Ton (!) zeigen.

[WHILE VIEWING] *Film Clip 1 (William Wallace)*

L *Go together in pairs. One of you turns around, so that s/he cannot see the screen. The other one watches this film clip carefully. Afterwards tell your neighbour in detail what you saw.*

O Zur Unterstützung können Sie folgende Begriffe an der Tafel, auf einer Folie oder auch einzelnen S auf einem Arbeitsblatt vorgeben:
Big man, long beard, tartan, men on horses, many different flags, weapons, swords, fights

Nachdem den S, die die Szene zuvor nicht gesehen haben, von ihren Nachbarn berichtet wurde, was in dieser zu sehen ist, sehen alle S den Filmausschnitt, wieder ohne Ton. Anschließend stellen Sie den S, die den Ausschnitt nun zum ersten Mal gesehen haben, folgende Frage:

L *Did you see what you expected to see, or did your partner explain the scene differently?*

Nach der Auswertung dieser Unterrichtsphase zeigen Sie denselben Filmausschnitt ein weiteres Mal, jetzt mit Ton.

[POST VIEWING] *KV 6*

Stoppen Sie die DVD nach Yemis Aussage „It was the battle of Stirling Bridge and the Scots won it." und lassen Sie die S KV 6 bearbeiten.

Lösungsvorschlag

This William Wallace; how I hate him. For seven years he has been fighting against me and my army. I had an army which was five times as big as his. He didn't have a chance. How did he win? I will never forget Stirling Bridge. But enough is enough. I will catch him and I will kill him, even if this is the last thing I do. I hate him.

Einige S lesen ihre Tagebucheinträge vor, wobei Sie darauf achten sollten, dass die S die Informationen aus dem Bericht in den Tagebucheintrag einfließen lassen.

Optional

Anschließend könnten Sie ein kurzes Blitzlicht durchführen:

L *If you were King Edward I, what would you do with William if you caught him?*

Spielen Sie Yemis Antwort vor.

L *Let's see what really happened to William Wallace.*

Optionale Erweiterung KV 7

Wenn Sie Ihren S auf spielerische Art ein wenig politisches Wissen vermitteln wollen, das in dieser Klassenstufe nur rezeptiv vorhanden sein muss, lassen Sie die S das Kreuzworträtsel auf KV 7 bearbeiten.
Dazu spielen Sie die nächste Studioszene vor, in der Yemi einige Informationen zum heutigen politischen Leben in Schottland gibt, und stoppen vor der Überleitung zum nächsten Filmausschnitt. Anschließend teilen Sie KV 7 aus.

Lösung

Across: 1 Assembly 4 Highlands 7 Parliament 8 islands 9 independent
Down: 2 Edinburgh 3 independence 5 Scottish 6 capital

O Um diese Aufgabe zu erleichtern, teilen Sie zuerst KV 3 aus, lassen die S, eventuell in PA, bereits im Vorfeld die Lücken ausfüllen, die sie bereits kennen könnten (z. B. 4, 6, 7, 8), und spielen erst dann die entsprechende Szene vor. Somit können sich die S auf das für sie Wesentliche konzentrieren. Lösung siehe oben.

OVERVIEW

Sarah and Yemi introduce the TV documentary "Over the Sea to School" from Scottish television. Robbie and Emily live on the Orkney Islands but because there are so few kids there, they have to go "over the sea to school". The first clip shows them preparing to leave home and board at a secondary school. The second clip shows life at a boarding school.

Überleitung Zeigen Sie die zum nächsten Thema überleitende Studioszene, in der Yemi kurz das neue Thema erläutert. Stoppen Sie die DVD vor dem Filmausschnitt und stellen Sie folgende Frage, die bei den S Empathie für Robbie und Emily wecken soll:

[PRE VIEWING] **L** *How would you feel if you had to go to school in a city far away from home and stay there all week?*

[WHILE VIEWING] *Film Clip 2 (Over the Sea to School)* Zeigen Sie nun den nächsten Filmausschnitt mit folgendem Arbeitsauftrag.
L *Watch this next film clip closely and listen carefully to the information. Try to remember as much information as possible.*

[POST VIEWING] *KV 8* Teilen Sie nun KV 8 aus und bitten Sie Ihre S Aufgabe 1 zu bearbeiten.

Bitten Sie Ihre S ihr Arbeitsblatt mit einem/r Mit-S zu tauschen. Zeigen Sie den Filmausschnitt nochmals. Die S kontrollieren und verbessern gegebenenfalls das Arbeitsblatt ihrer/s Mit-S. Anschließend tauschen sie die Arbeitsblätter wieder zurück.

Lösung *Robbie: going fishing, Orkney Island Flotta, eleven years old, 80 people, primary school, eleven students, no secondary school, big school bag, sports fan, only home at the weekends, comprehensive school in Kirkwall*
Emily: Orkney Island Shapinsay, primary school, 22 students, no secondary school, likes ice cream, long brown hair, white handbag, only home at the weekends, comprehensive school in Kirkwall

Geben Sie Ihren S nun Zeit eventuelle Verständnisfragen zu stellen.
L *Do you have any questions about this film clip?*

○ *Optionale HA* Bitten Sie Ihre S mithilfe der von ihnen gesammelten Stichwörter einen kurzen Text über Emily oder Robbie zu schreiben.

● Bitten Sie Ihre S mithilfe der von ihnen gesammelten Stichwörter einen kurzen mündlichen Vortrag zu Emily und Robbie zu präsentieren.

Lösungsvorschläge *Robbie is eleven years old. He lives on Flotta, a tiny Orkney Island with only 80 people. During the holidays he likes to go fishing with his dad. In his primary school there were only eleven students. There is no secondary school on Flotta. That is why he has to go to a comprehensive school in Kirkwall. He has to stay there all week and that is why he packs a big school bag. He is a big sports fan and also packs a huge flag of his favourite football club, Celtic. It's green and white. Emily comes from the Orkney Island Shapinsay. She has long brown hair, likes ice cream and her white handbag. In her primary school there are 22 pupils and there is no secondary school on Shapinsay either. This is why she has to go to the comprehensive school in Kirkwall, too. She only comes home at the weekends.*

[PRE VIEWING] *Einstieg*

Bevor Sie den nächsten Filmausschnitt zeigen, stellen Sie Ihrer Klasse folgende Frage. Die S können ihre Antworten an der Tafel sammeln.

L *What do you think life in a hostel / boarding school is like? Collect ideas.*

[WHILE VIEWING] *Film Clip 3 (Over the Sea to School)*

Zeigen Sie nun Sarah und Yemis Überleitung und den nächsten Filmausschnitt.

L *Watch this film clip about the students' daily routine at Kirkwall Grammar School (KGS). Make notes or try to remember what you like or dislike about this type of school.*

[POST VIEWING]

In einer anschließenden Partnerarbeit oder einem Unterrichtsgespräch sollen die S die Vor- und Nachteile eines Internats anhand der KGS mit ihrer eigenen Schule vergleichen. Lassen Sie eine Tabelle erstellen.

Lösungsvorschlag

KGS	Our school
Positive: – *an ex-footballer as a matron* – *your friends live with you* – *you can play games with your matron* – *you can walk to school* – *you can learn an instrument* – *you can play music together* ***Negative:*** – *you're away from home all week* – *you cannot oversleep* – *you have to eat breakfast with a lot of people* – *you have to travel a lot to get home every weekend* – *you have to be independent* *Hinweis: Bei manchen S werden die hier als „negativ" aufgeführten Aspekte in der „positiven" Kategorie auftauchen.*	Individuelle S-Antworten

Abschließend ziehen die S ein persönliches Fazit:

S *I would like to go to a school like KGS because ... OR: I prefer our school because ...*

Optional / mögliche HA

L *Imagine you are Robbie or Emily. Either write an e-mail to your best friend in which you tell him/her about your experiences after the first week at your new school OR write a letter to your parents about your feelings and experiences at Kirkwall Grammar School. What would you tell them and what wouldn't you?*

OVERVIEW

Before they say goodbye, Sarah and Yemi introduce the Scottish pop band Travis and their song "All I want to do is rock".

Stimmen Sie Ihre Klasse durch einige Fragen auf das heutige *Programme* beschließende Thema ein.

L *Do you watch music videos? Where, when and why do you watch them? What makes a good music video?*

Zeigen Sie nun die anschließende Studiomoderation und das folgende Musikvideo ohne weiteren Arbeitsauftrag. Nutzen Sie anschließend die durch diverse Musiksender und das Internet ausgebildete Kompetenz der S über das soeben Gesehene zu diskutieren.

[POST VIEWING]
Film Clip 4 (Music Video)

L *Comment on this music video.*

Hilfsfragen:

L *Was it good? Why (not)? Would you like to see the rest of it?*
Remember what you said before about what makes a good music video.

L *The song is called "All I want to do is rock". Is this a good title? Why or why not?*

Tipp: Das komplette Video kann im Internet auf verschiedenen Videoportalen angeschaut werden.

Optionale HA

Bitten Sie Ihre S ihr Lieblingsmusikvideo vorzustellen und ihre Wahl zu begründen.

→ Lernziele

Die S
- erleben die Wirkung der Bildsprache.
- trainieren ihr (visuelles) Kurzzeitgedächtnis.
- lernen verschiedene Neujahrstraditionen kennen.
- üben die Form der Gruppendiskussion und des *Role Play*.
- beurteilen englischsprachige Aussagen nach ihrem Wahrheitsgehalt.

OVERVIEW

Gesamtdauer 09:19

The topics in Programme 3 are: Chinese culture, Manchester, youth hostels and football in Northern England. These are presented in promo clips, scenes from *Goal* and clips from the "making of" *Goal*.

[PRE VIEWING]

Reaktivieren Sie mittels eines Brainstorming an der Tafel das Wissen Ihrer S aus der bereits erarbeiteten Unit im Schulbuch.

L *Today we are going "Up North". What do you think of when you hear "Up North"?*

Lösungsvorschlag

football, music, cricket, Manchester, Liverpool, Manchester United, Old Trafford, Robbie Williams, the Beatles, the Industrial Revolution, cotton, wool, Salford Quays

(Studioszene)

Zeigen Sie Sarah und Yemis Anmoderation und stoppen Sie die DVD vor dem ersten Filmausschnitt.
Machen Sie die S durch folgende Frage darauf aufmerksam, welchen Filmstil sie zu erwarten haben.

L *What is the name of today's first film clip?* (→ *"I love Manchester".)*
L *Who produced the clip?* (→ *Channel "M".)*
L *What does the "M" stand for in Channel "M"?* (→ *It stands for Manchester.)*
L *What kind of (film) style do you expect?* (→ *Some kind of advertising for the city.)*

OVERVIEW

Sarah and Yemi start by talking about Manchester's diversity in general and the Chinese New Year celebrations in particular. The opening to "I love MCR", a promotional video from the city of Manchester is shown. A section of "I love MCR Chinatown", which shows various parts of Chinatown, follows while Sarah and Yemi provide the narration.

[WHILE VIEWING]
Film Clip 1, pt. 1
(I love MCR)

Zeigen Sie nun den ersten Teil der Montage mit Bildern aus Manchester bis zum Übergang zu den Eindrücken aus Chinatown (ohne Ton, ohne UT!). Die S sollen erkennen, welch starken Eindruck alleine Bilder hinterlassen.

L *Watch today's first film clip. How is Manchester presented here?*

Lösungsvorschlag

As a lively, exciting, interesting and environmentally-friendly (you can see lots of public transport) city which is easy to love.

Zeigen Sie den Filmausschnitt nochmals – dieses Mal mit Ton.

L *How do the film-makers make their documentary exciting and interesting?*

Lösung *By using short clips, fast cuts, bright colours and trendy music.*

[WHILE VIEWING] *Film Clip 1, pt. 2 (I love MCR)*

Zeigen Sie nun den zweiten Teil der Montage, der sich mit den chinesischen Neujahrsfeierlichkeiten in Manchester befasst.

Im Folgenden haben Sie zwei Optionen.

[POST VIEWING] *Option 1, KV 9*

Die S bearbeiten KV 1, um ihr visuelles Kurzzeitgedächtnis zu trainieren.

○ Nennen Sie Ihren S zuerst den Arbeitsauftrag und zeigen Sie dann die zwei Montagen nochmals am Stück. Somit wissen die S, dass sie sich nun Dinge merken sollen – ähnlich dem Memoryspiel. Teilen Sie im Anschluss KV 9 aus.

● Bedeutend anspruchsvoller wird es, wenn Sie Ihre S bitten KV 9 zu bearbeiten ohne die Montage nochmals zu zeigen. Auf diese Art können Sie beziehungsweise Ihre S selbst überprüfen, wie es um Ihre visuelle Aufnahmekompetenz steht.

In einem anschließenden Unterrichtsgespräch besprechen die S welche *things* nicht zu sehen waren.
Alternativ können Sie natürlich auch die Szene ein letztes Mal vorspielen, und die S überprüfen sich selbst. Allerdings sollte man eine Szene auch nicht zu häufig zeigen, um Ermüdungserscheinungen zu vermeiden.

Es macht nichts, dass in dieser Übung einige englische Begriffe vorkommen, die die S noch nicht kennen, da die dazugehörigen Bilder ihnen helfen. So erweitern sie auf spielerische Art ihren rezeptiven Wortschatz.

Lösung *These eight things appear in the film (in the order they appear):*
Double-decker bus, tram, propeller plane, Chinese gate, restaurant, Chinese lantern, people dancing, dragon

These four things are not in the film clip:
martial arts fighter, Giant Panda, football player, Robbie Williams

[POST VIEWING] *Option 2, KV 10*

Sie können aber auch direkt an die Thematik des *Chinese New Year* anknüpfen und die S mittels KV 10 eine *walking classroom/mingling activity* durchführen lassen.

Nachdem Sie den zweiten Teil der Montage gezeigt haben, teilen Sie KV 10 aus und bitten die S Aufgabe 1 schriftlich zu beantworten.

Lösungsvorschlag *The Chinese celebrate the new year with dancing, music, lots of lanterns and little flags. They also have big, colourful dragons which are always present.*

In Aufgabe 2 sollen Ihre S aktiv werden.
Zunächst sollen sich die S ihrer Traditionen bewusst werden, bevor sie dann die ihrer Mit-S kennen lernen. Sollten Sie S aus verschiedenen Kulturkreisen haben, so wäre es natürlich wünschenswert, wenn sich diejenigen S träfen, die nicht über denselben ethnischen Hintergrund verfügen.

Anschließend berichten die S im Plenum.

Mögliche HA Zum Abschluss können Sie Aufgabe 3 bearbeiten lassen oder als HA geben.

Lösung *holiday, celebrate, family, January, December, festival*

OVERVIEW

Sarah tells Yemi that she desperately wants to go to Manchester. Since hotels are quite expensive she wants to stay in a youth hostel. Yemi is skeptical. A video describing a very modern youth hostel with lots of amenities is narrated by Sarah.

[PRE VIEWING] Leiten Sie zum nächsten Thema über, indem Sie Ihre S über ihre Urlaubsgewohnheiten berichten lassen.

L *Where do you and your family usually stay when you are on holiday? Have you ever stayed at a youth hostel?*

Die S bearbeiten in PA Aufgabe 1 der KV 11.

KV 11 L *Work together with a partner and do task 1 on your worksheet.*

Anschließend sollte eine kurze Auswertungsphase folgen.

[WHILE VIEWING] *Film Clip 2 (I love MCR)* Zeigen Sie nun die Anmoderation sowie den nächsten Filmausschnitt mit folgendem Arbeitsauftrag (Aufg. 2):

L *Watch the film clip and tick the things that the youth hostel offers. Check with your partner.*

Um diese Aufgabe zu erleichtern, können Sie den S folgende Information geben:

L *You have to listen AND watch to get all the correct pictures. Only two are wrong.*

Lösung *Pictures 2 and 6 are not mentioned. All the other pictures have to be ticked because you can either see them or they are being talked about (listening + viewing competence).*

Zeigen Sie den Filmausschnitt ein zweites Mal.
Mittels Aufgabe 3 der KV 11 bereiten sich die S auf die nachfolgende Gruppendiskussion vor. Die S müssen sich zunächst eine eigene Meinung bilden.

L *Watch the film clip again and prepare some arguments for or against a stay at this youth hostel. Don't forget the things you wrote down as important for you in a place to stay.*

[POST VIEWING] Führen Sie eine kurze Umfrage durch.

L *Who would like to stay at this youth hostel? Who would rather stay at a hotel or a B&B (Bed&Breakfast)?*

KV 11 + KV 12 Sollte es genügend S geben, die sich gegen die Jugendherberge entschieden haben, setzen Sie die Gruppen für die nun folgende Gruppendiskussion entsprechend zusammen – je zwei S für und zwei gegen die Jugendherberge – und teilen Sie KV 12 entsprechend aus.
Falls nicht, müssen einige S – vorzugsweise die Leistungsstärkeren – einen Perspektivwechsel vollziehen und für die andere Seite argumentieren.

Lesen Sie gemeinsam die Aufgabenstellung der KV 12 und lassen Sie Ihre S in der Gruppe diskutieren.

Die Gruppen berichten abschließend, zu welchem Ergebnis sie gekommen sind.

Optionale Erweiterung **L** *Interview two or three classmates about past holiday trips.*

Mögliche HA Die S schreiben einen fiktiven oder wirklich erlebten Bericht: „The best holiday ever!“ oder „The worst holiday ever!“

OVERVIEW

The next part of “Up North” turns to football. Yemi is excited and Sarah is sceptical. A photo montage presents various football-related images. Then, in the film clips from the film *Goal* and from the *making of* one sees how football can be turned into an exciting film by using different camera shots. Incidentally, “Goal” is actually set in Newcastle.

[PRE VIEWING] Führen Sie Ihre S mittels einiger Fragen zum nächsten Thema. Denken Sie daran, auch die S, die sich nicht ganz so sehr für Fußball interessieren, zu involvieren. Gerade die fußballkritischen S können sich zum Ende dieser *Pre viewing phase* gut einbringen.

L *How many of you play on a football team? Tell us what you like about it.*
L *Who has seen a match in a big football stadium before? What was it like?*
L *How many of you watch football on TV?*
L *Do you think one can make an exciting film about football? Why (not)?*

[WHILE VIEWING] Zeigen Sie Yemis Anmoderation des nächsten Themenkomplexes inklusive der Bildmontage mit Bildern von Manchester City, Manchester United und dem Old Trafford Stadium. Stoppen Sie die DVD anschließend.

L *Listen to Yemi and his voice. What is he telling you about football and how does he feel about it?*

[POST VIEWING] Die S berichten in einem kurzen Lehrer-Schüler-Gespräch.

Lösungsvorschlag *He is telling us about the two football teams in Manchester City and Manchester United. He is a big fan, especially of ManU. You can tell by what he says (“my favourite team”, “I think United fans are simply the best”) and by how he says it because at the end he gives a big sigh (Seufzer).*

O **L** *Listen again to how Yemi talks about football.*

Optionale Erweiterung Zeigen Sie die Bildmontage ein weiteres Mal und bitten Sie Ihre S auf die Musik zu achten, die im Hintergrund läuft („Glory Glory Man United“).

L *Listen to the song in the background.*

Mögliche Fragen **L** *Do you know this song? How does it sound? Do you know any football songs? What makes them so special? Can you sing one of them?*

[PRE VIEWING] Leiten Sie nun mit folgendem Arbeitsauftrag zum Filmausschnitt aus *Goal* über:

L *Watch this film clip and find the differences between how you see a match on TV and how you see the match in this film.*

[WHILE VIEWING]
Film Clip 3 (Goal)

Zeigen Sie die Anmoderation sowie die dazugehörige Filmszene und lassen Sie die S anschließend die gestellte Frage beantworten.

Tipp: Stoppen Sie die DVD vor der nächsten Studioszene, da die *presenters* die Antwort geben.

Lösungsvorschlag

The camera stays very close with one or two players most of the time. There's more drama to it. On the other hand, that way, you cannot follow the match very well. There is also an underlying sound effect which adds to the suspense. When the goal is scored the sound effect dissolves into music.

[POST VIEWING]
Alternative

Alternativ können Sie die *presenters* auch die Antwort geben lassen und anschließend einen S bitten, deren Antwort in eigenen Worten wiederzugeben.

Tipp: Stoppen Sie die DVD, nachdem Sarah sagt: „How were they able to get those great action shots?"

[PRE VIEWING]
KV 13

Teilen Sie KV 13 aus. Die S bearbeiten Aufgabe a) zur Vorentlastung des nächsten Filmausschnitts, der viel Information in komprimierter Form darreicht.
Außerdem sollen sich die S bereits, bevor sie die Szene sehen, im Gespräch mit einem/r Mit-S mit den sechs Aussagen auseinandersetzen.
Des Weiteren will diese Aufgabe die S zum Denken anregen und sie dafür sensibilisieren, wie viel Arbeit sich hinter einer Filmproduktion verbirgt.

Die S bearbeiten KV 13, Aufgabe a) in PA.

OVERVIEW

The "making of" *Goal*: the director and lead actor talk about how the exciting scenes were made with cuts to clips in the film. Then Sarah and Yemi end the programme by talking about the film's star, Kuno Becker, and footballer David Beckham, who is also in this film.

[WHILE VIEWING]
Film Clip 4 (making of)

Die S beantworten in Aufgabe b) die *right or wrong*-Fragen.

[POST VIEWING]

Tragen Sie die richtigen Antworten im Unterrichtsgespräch zusammen, damit sich die S beim zweiten Sehen ganz auf das Detailverständnis der zu korrigierenden Aussagen konzentrieren können (vgl. Aufgabe c).

Lösung

right: 1, 2, 3, 5

Zeigen Sie den Filmausschnitt ein zweites Mal.

L *Watch the film clip again and this time correct the wrong statements.*

Lösung

wrong: 4: The actors were allowed to be on the pitch with the real footballers on match day. 6: The people were screaming and shouting.

(Studioszene)

Zeigen Sie Sarah und Yemis Abmoderation, um die heutige Unterrichtseinheit zu beenden, aber auch um bei Ihren S vielleicht Interesse für mehr zu wecken.

Optionale Erweiterung

Schauen Sie doch mal auf der Weiterführenden Ideen-Seite nach, um Ihren S mögliche (Kurz-)Referatsthemen vorzuschlagen.

→ **Lernziele**

Die S
- übeen das genaue, Informationen entnehmende Sehen und Hören.
- fühlen sich in einen anderen Menschen hinein.
- erkennen, wie das Medium Film dargestellte Emotionen verstärken kann.
- arbeiten mit Adjektiven.
- formulieren einen Tagebucheintrag.

OVERVIEW

Gesamtdauer 10:58

This programme consists of scenes and montages from Toronto, including the International Dragon Boat Races. In addition there are several clips from the feature film *Fly Away Home*.
Sarah and Yemi welcome the students to the new programme, "Canada". Yemi is wearing a flannel shirt, which he thinks is very Canadian but which Sarah thinks is outrageous. They introduce the annual International Dragon Boat Race in Toronto and a travel video about great places to see and go in Toronto.

[PRE VIEWING]
Optional / Hausaufgabe

Falls Sie eine ähnliche Aufgabe nicht schon während des Lehrwerkunterrichts gestellt haben, können Sie mit folgender Hausaufgabe in diese Stunde einsteigen.

L *Find the five largest countries in the world. How big are they and their population? Compare them to Canada and Germany.*

Lösung

1.	*Russia:*	*17,075,000 sq km*	*pop. 142,4 m (8th)*
2.	*Canada:*	*9,971,000 sq km*	*pop. 31,7 m (36th)*
3.	*China:*	*9,561,000 sq km*	*pop. 1,313,3 m (1st)*
4.	*USA:*	*9,373,000 sq km*	*pop. 297,1 m (3rd)*
5.	*Brazil:*	*8,512,000 sq km*	*pop. 180,7 m (5th)*
62.	*Germany:*	*357,050 sq km*	*pop. 82,4 m (12th)*

Hinweis: Diese Rangfolge wurde dem Buch *The Economist Pocket World in Figures – 2007 Edition* entnommen. Lediglich Rang 62 für Deutschland basiert auf folgender Website: *http://www.lexas.net/rankings/flaeche.asp.* Manche Internetquellen sehen die USA an dritter Stelle vor China – falls Ihre S unterschiedliche Rangfolgen erstellen sollten, kann die Vertrauenswürdigkeit mancher Informationen im Netz und die Wichtigkeit des Gegenchecks hier kurz thematisiert werden.

Studioszene

Zeigen Sie Sarah und Yemis Anmoderation.
Stoppen Sie die DVD, nachdem Yemi sagt „*… and the sport is really popular in Canada, especially in Toronto*" und das *dragon boat* gut im Bildausschnitt zu sehen ist.
Da *dragon boat racing* auch in Deutschland immer populärer wird, kennen vielleicht einige Ihrer S schon diesen Sport und können spontan etwas dazu sagen.

L *Look at this boat. Have you ever seen such a boat or heard of dragon boat races?*

L *Let's all learn some more about them.*

KV 14

Teilen Sie die KV 14 aus und bitten Sie Ihre S sich einen Partner zu suchen. Gehen Sie gemeinsam die Arbeitsaufträge 1 und 2 durch. Die Partner bearbeiten nun diese Aufgaben.

Optional

Für die besonders fixen S in Ihrer Klasse steht optional Aufgabe 3 zur Verfügung.

Optional

Lassen Sie zur Überprüfung den vervollständigten Text laut vorlesen und einen oder zwei S anschließend die wichtigsten Informationen des Textes in eigenen Worten wiedergeben beziehungsweise eine oder zwei der eventuell von den schnellen S formulierten Fragen nun im Plenum beantworten.

Lösung *Der vollständige Text ergibt sich, wenn man alternierend die Textteile der Partner A und B liest. A dragon boat is a long canoe-style boat which is used in the team sport of dragon boat racing. It started in China over 2000 years ago, so it's one of the oldest organized sporting events. Dragon boats are decorated with Chinese dragon heads and tails. The Chinese thought the dragon had power over the waters and the rainfall. Normally each team has 22 members: 20 paddlers, a drummer who keeps the paddlers in rhythm, and a sweep who keeps the boat on the right path. A race is 200–500 metres long and in 2006, the 5th dragon boat racing World Championships took place in Toronto. Dragon boat racing shows how a part of Chinese culture is accepted and integrated into the Canadian way of life.*

Studioszene Zeigen Sie den restlichen Dialog zwischen unseren zwei *presenters*, in dem Yemi erklärt, wie das traditionsreiche Drachenbootrennen nach Kanada kam. Falls Sie möchten, sichern Sie anschließend mittels eines kurzen Lehrer-Schüler-Gesprächs die *listening comprehension competence* bei Ihren S.

[WHILE VIEWING] *Film Clip 1 (Dragon boat race)* Der folgende Filmausschnitt vom *„Annual Toronto International Dragon Boat Race Festival"* visualisiert und veranschaulicht das neue Wissen Ihrer S. Zeigen Sie ihn mit folgendem Arbeitsauftrag:

L *Watch this clip closely. Pay attention to what you see and hear. Then tell a partner three things you heard/saw in the clip and listen to your partner's information.*

[POST VIEWING] Führen Sie anschließend ein kurzes Lehrer-Schüler-Gespräch über das soeben Gesehene durch.
Sollte sich im Gespräch ergeben, dass bei den S noch etwas unklar geblieben ist, zeigen Sie den Ausschnitt noch einmal. Dieses Mal sollen sich die S nur auf diesen einen Aspekt konzentrieren.

Alternative Alternativ können Sie auch selbst ein paar Verständnisfragen stellen:

L *How many people watch and take part in the races every year?*
(→ Over 120,000)

L *How many dragon boat teams take part in Toronto?*
(→ Over 200)

Alternative Bitten Sie Ihre S sich während des Sehens 2–3 Stichwörter zu notieren, die sie besonders wichtig finden. Anschließend finden sie sich in einer Kleingruppe zusammen und fassen gemeinsam die Informationen des Filmausschnitts mithilfe ihrer Stichwörter zusammen. Eventuell können die Gruppen auch einen kurzen zusammenfassenden Text schreiben.

[PRE VIEWING] *KV 15* Zum Abschluss der ersten Hälfte des heutigen Programms lernen Ihre S Toronto, die Hauptstadt der Provinz Ontario und Kanadas größte Stadt, näher kennen. Zeigen Sie den Werbefilm der Stadt Toronto, teilen Sie KV 15 aus und lassen Sie die S anschließend spielerisch ihr Hör-/Sehverstehen überprüfen, indem sie das Kreuzworträtsel ausfüllen.

[WHILE VIEWING] *Film clip 2 (Toronto)*

L *Watch this clip about Toronto and try to remember as much information as possible. Then do the crossword.*

Tipp: Wenn Sie die Aufgabe leichter gestalten wollen, gehen Sie die Hinweise auf der KV 15 vor dem Sehen mit Ihren S durch.
Wenn Sie die Aufgabe anspruchsvoller gestalten wollen, teilen Sie KV 15 erst nach dem Sehen aus. Der Vorteil bei diesem Vorgehen ist, dass die S sich ganz auf den Film konzentrieren, ohne bereits mit der KV zu hantieren und dabei eventuell wichtige Hinweise zu übersehen beziehungsweise überhören.

Lösung

Across: 1. Ontario 2. concerts 3. Queen Street 4. chic 5. fashion
Down: 6. Rocket 7. shops 8. Kensington 9. seven

OVERVIEW

Sarah introduces today's feature film, *Fly Away Home*, which takes place in Canada, in the south of Ontario. She explains that Amy, who has grown up in New Zealand, has to move to her Canadian father's house after her mother's death. In the first scene, Amy's dad shows her her old room, which he has turned into a storage room.

[PRE VIEWING]

Zeigen Sie die Studioszene, in der Sarah ausführlich die Vorgeschichte zum folgenden Filmausschnitt aus *Fly Away Home* erläutert. Stoppen Sie danach die DVD.
Lassen Sie Ihre S das Wichtigste kurz in eigenen Worten wiedergeben.

L *Can you tell us in your own words what we are about to see?*

Lösungsvorschlag

We are going to see a clip from a film called Fly Away Home. *It is about a girl called Amy. Her parents are divorced and she lives with her mother in New Zealand. After her mother dies in a car accident, Amy has to move to Canada to live with her dad. He is an artist. She arrives at her dad's house and goes to her old bedroom where she slept years ago – it is totally untidy. Yemi said there are also geese in this film.*

KV 16

Teilen Sie nun KV 16 aus und lassen die S die *Pre viewing task 1* bearbeiten.
Die Vokabeln sind alle bereits eingeführt. Eventuell sollten Sie die Kenntnis trotzdem kurz überprüfen.

Einige S begründen ihre gewählten Adjektive im Plenum.

[WHILE VIEWING]
Film clip 3
(Fly Away Home)

Bevor Sie den Filmausschnitt zeigen, lassen Sie die Aufgabenstellung zur *While viewing task 2* lesen, damit die S wissen, worauf sie sich beim Ansehen der Szene konzentrieren sollen. Anschließend zeigen Sie die Szene. Die S notieren einige Adjektive.

Zeigen Sie den Filmausschnitt gegebenenfalls ein zweites Mal. Anschließend äußern sich die S dazu, wie sehr sich ihre vorgestellten Gefühle mit Amys Gefühlen decken.

[POST VIEWING]
●

Bei einem maximal dritten Durchlauf der Szene sollen sich die S auf das darstellerische Talent der Schauspielerin, die Amy verkörpert, konzentrieren. Wie bringt sie ihre Emotionen zum Ausdruck? → *Post viewing task a).*

Es ist klar, dass S einer 7. Klasse die folgenden Lösungsvorschläge so nicht geben werden. Sie sind als Hinweis für Sie gedacht. Es genügt völlig, wenn die S in weniger und einfacheren Worten die Sache im Kern benennen.

Lösungsvorschlag

In the beginning, when she is standing in the middle of the room, she stands up straight. When she sits down on the bed, one can feel that she is totally unhappy, weak and feels alone. She doesn't sit straight. She doesn't want to offend her dad, so she doesn't say very much, but the way she looks around her old and new room tells the viewer that she doesn't see this as her home (any more). At the end she is sitting on the bed, totally alone and lost, hugging an old teddy bear which seems to be her only companion.

● *Post viewing task a)* hat einen filmanalytischen Schwerpunkt. Die S nehmen hier die Filmsprache bzw. die Filmtechnik in den Blick.

Lösungsvorschlag

There is no music in this scene. All you can hear is the wind outside the house. There is no distraction; the viewer can totally concentrate on the words and actions of the actress. There is very little camera movement and the camera focuses on the actress. The colour has almost faded from this scene, which highlights the feeling of bleakness.

Optional / Mögliche HA

Ob Sie nun Aufgabe a) der *Post viewing tasks* bearbeitet haben oder nicht, können Sie Ihren S mit Aufgabe b) der *Post viewing tasks* einen kreativen Schreibauftrag geben.

Lösung

Individuelle S-Antworten

Erweiterung / Alternative KV 17

Alternativ können die S die leichtere KV 17 bearbeiten, die sich ebenfalls mit Amys Emotionen beschäftigt.

○ Um diese Übung noch weiter zu differenzieren, können Sie bei Bedarf einigen S die vorgegebenen Adjektive aus der *Pre viewing task* der KV 16 zur Verfügung stellen.

Aufgabe a) sollte als *speculating exercise* vor dem Zeigen der Szene eingesetzt werden. Beim Ansehen der Szene können die S dann in Aufgabe b) ihre Vermutungen verifizieren oder gegebenenfalls korrigieren.

Lösung

Individuelle S-Antworten

Tipp: Zwischen den beiden Filmausschnitten befindet sich die folgende Studioszene.

OVERVIEW

Sarah and Yemi give a bit of background information on geese and explain that Amy becomes happier when she saves some goose eggs from being destroyed and how the goslings (baby geese) think she is their mother. They explain how geese migrate south for the winter and that geese learn to fly from their mother. There is a problem if they think Amy is the mother. She is the only one who can teach them how to fly. Sarah and Yemi talk about a possible solution. The film clips show Amy "raising" her goslings, her dad speaking with the park ranger about imprinting.

[PRE VIEWING]
KV 18

Lesen Sie gemeinsam mit den S die Aufgabenstellung der KV 18 sowie die dort formulierten Aussagen. Die S können an dieser Stelle schon über die Richtigkeit einiger Aussagen spekulieren.

[WHILE VIEWING]
Studioszene + Film Clip 4 (Fly Away Home)

Zeigen Sie die Studioszene, in der Sarah und Yemi zum nächsten Filmausschnitt überleiten. Hierbei erhalten die S bereits viele Informationen über die Aufzucht von Gänsen und die damit verbundenen Probleme. Der Ranger wiederholt im Film diese Informationen, sodass Ihre S problemlos folgen können.

L *Watch this film clip closely and decide if the statements are right or wrong. Correct the wrong ones.*

[POST VIEWING]

Zunächst sollten die S ihre Antworten mit ihrem Partner vergleichen, bevor diese im Plenum besprochen werden.

Lösung

1, 5, 6, 8 are right.
2. Wrong, there are many more than just five geese.
3. Wrong, one can tell that she likes it (she is smiling, doing things with them).
4. Wrong, she is 13.
7. Wrong, it is on the left hand side of the house (from the camera's point of view).

Alternative ●

Alternativ können Sie diese Aufgabe etwas schwerer und zeitintensiver, dafür jedoch auch schülerzentrierter gestalten. Als Hilfe könnten Sie ein Beispiel der KV 18 vorgeben.

[WHILE VIEWING]
Studioszene + Film Clip 4 (Fly Away Home)

L *Watch this film clip closely, then write three right/wrong statements on a piece of paper. Be careful: You have to know the answers to your statements yourself!*

[POST VIEWING]

L *Now exchange your statements with another student. Watch the film clip again, mark the correct statements and correct the wrong ones.*

L *Ask for your own piece of paper back and check what it says. Use phrases like:*
"My statement was ..."
"He/She said this statement was right."
"He/She said this statement was wrong. He/She wrote ..."
"This is correct / This is not correct."

Optional / Mögliche HA

Die folgende Aufgabe kann mündlich in der Stunde besprochen werden, falls Sie noch Zeit haben. Alternativ könnte diese Aufgabe auch als optionaler Schreibauftrag, eventuell auch als freiwillige Hausaufgabe, gegeben werden.

L *Have you ever had the chance to help or take care of an animal or pet? What problems, fears, and exciting situations did you have?*

OVERVIEW

Presenters and film clip. Sarah and Yemi say goodbye for today after explaining how Amy learns to fly and thus manages to solve the problem of how to teach her geese to fly. Amy flies a small plane, made to look like a goose, so the geese will follow her over the countryside and learn their migration route to the south.

[PRE VIEWING] Bevor Sarah und Yemi den letzten Filmausschnitt für heute ankündigen, stoppen Sie die DVD und führen mit Ihrer Klasse folgendes Gespräch:

L *What do you think Amy's biggest problem will be?*
(→ How to teach the geese to fly.)

L *How could Amy achieve that? Collect ideas on the board.*

[WHILE VIEWING] *Film Clip 5 (Fly Away Home)*

L *Now watch Sarah and Yemi introduce today's last film clip and the film clip itself. Compare your ideas to Amy's solution.*

[POST VIEWING] Die S berichten, wie Amy das Problem gelöst hat, und vergleichen mit ihren zuvor an der Tafel festgehaltenen Ideen.

Lösungsvorschlag *In a way she did "learn to fly" because she learned to fly her dad's ultra-light airplane which the geese willingly follow.*

Optional Eine abschließende persönliche Einschätzung beendet diese Unterrichtseinheit.

L *Would you like to do what Amy did?*

L *Do you think this is a realistic story or just another Hollywood story?*

L *How do you think Amy feels now?*

Alternative Statt des Lehrer-Schüler-Gesprächs können Sie die S im Anschluss an die letzte Szene des Programms, in der man Amy davon fliegen sieht, auch eine abschließende *speculating exercise* bearbeiten lassen.

L *Amy is on her way south. Write down some possible problems she might have while flying there. They can be funny if you want.*

Lösungsvorschläge *Vorstellbar wären:*
fighting the cold and/or the sun, running out of petrol, flying into a stray balloon, having to go to the toilet, darkness at night, being hit by a meteor ...

Erweiterung Weitere Gesprächsanlässe könnten die Parallelen bieten, die der Film zwischen den Gänseküken und Amy zieht: Beide wachsen ohne Mutter auf, müssen schnell erwachsen/lebensfähig werden und leben nicht in der genetisch bestimmten Familienform.

Ein weiteres Thema könnten Herausforderungen im Leben sein: Amy muss mit dem Tod ihrer Mutter und dem dadurch bedingten Umzug in ein neues Land zurechtkommen. Nach einer problematischen Eingewöhnungsphase übernimmt Amy nun selbst die Mutterrolle für „ihre" Gänseküken und somit Verantwortung für sich und andere. Damit ist dieser Film auch eine *Coming-of-age*-Geschichte.

Music, music, music

→ Lernziele

Die S
- fühlen sich in die Rolle eines Kandidaten eines Castings hinein.
- übernehmen die Rolle eines Mitgliedes einer Auswahljury.
- schreiben einen *one-liner*.

OVERVIEW

Gesamtdauer 12:55

In this programme Sarah and Yemi present scenes from films focusing on music. Clips from *The Commitments, Fame,* and *School of Rock* show different sides of show business, such as casting, rehearsing or performing. Sarah and Yemi first explain the background to *The Commitments*; who wrote the book and film, and the premise of the story, that Jimmy Rabbitte is trying to get a soul band together in Dublin. The first scene shows the auditions for the band.

[PRE VIEWING]

Beginnen Sie mit einer kurzen Umfrage in Ihrer Klasse.

L *Do any of you play an instrument? Which one?*

L *Do you play in a band? Why? What kind of music do you play?*

KV 19

Zeigen Sie die heutige Anmoderation im Studio. Stoppen Sie die DVD vor dem ersten Filmausschnitt. Jeder S erhält KV 19 mit Jimmy Rabbittes Zeitungsannonce und bearbeitet schriftlich die gestellten Aufgaben.

Alternative / Mögliche HA

Lassen Sie KV 19 als hinführende HA auf die heutige Stunde bearbeiten.

Lösungsvorschlag

1. *Jimmy is looking for someone who knows how to play his or her instrument and is into soul music. He specifically doesn't want any lazy people, Heavy-Metal lovers, country music fans or – because he is a Northsider – anybody from Southside Dublin.*
2. *Bei Interesse und Zeit könnten einige S ihr Casting vorspielen.*

[WHILE VIEWING]

Film Clip 1, pt. 1, bis 03:06 (The Commitments)

Zeigen Sie nun den Filmausschnitt zum ersten Mal bis einschließlich der Elvis-Cajun-Band. Stoppen Sie die DVD, bevor Jimmy sagt „*What do you play?*" (03:06).

L *Watch this scene with all kinds of people auditioning for the band and see how they are trying to get into the band.*

Da fast alle S entsprechende Castingshows aus dem Fernsehen kennen, können sie sich nun in ersten spontanen Reaktionen äußern.

KV 20

Zeigen Sie die Szene erneut und unterbrechen Sie diese an derselben Stelle. Dieses Mal haben die S KV 20 vor sich und bearbeiten die Aufgaben.

L *Now, imagine you are Jimmy, or Dieter Bohlen if you like. Who would you pick? Who wouldn't you? Give reasons for your decisions.*

[POST VIEWING]

KV 20

Geben Sie den S ein paar Minuten Zeit, um die nächste Aufgabe mit ihrem Partner zu diskutieren.

In einer anschließenden Plenumsdiskussion tragen die S ihre Meinungen zusammen.

Optional

Mit folgendem Unterrichtsgespräch können Sie das Thema vertiefen:

L *Do you know similar casting shows? What do you think about them? Why do people go there? Would you?*

Mögliche HA **L** *Write a short text of about 80 words about your favourite style of music and / or band. What makes it so special to you?*

Optional ● Falls Sie die HA gegeben haben, könnten Sie noch einen Schritt weitergehen und folgende Aufgabe, eventuell auf freiwilliger Basis, stellen:

L *Prepare a one-minute talk about your favourite music style and/or band and say what makes it so special to you.*

[WHILE VIEWING] *Film Clip 1, pt. 2, von 03:07 (The Commitments)*

Zeigen Sie den zweiten Teil dieses Filmausschnittes ab „*What do you play?*" bis zum Ende und stellen Sie den S anschließend eine kurze Verständnisfrage.

[POST VIEWING] **L** *Why did the guy with the blond hair come to Jimmy's house?*

Lösung *Because he saw a long queue and thought Jimmy was selling drugs.*

OVERVIEW

Sarah and Yemi talk about how great and diverse music is. They mention different styles of music which brings us to a scene taken from *Fame*, another music drama directed by Alan Parker. This time the story is set in New York at the High School of Performing Arts and the scene involves Bruno, a keyboardist, and his audition with Mr Shorofsky, an old-fashioned music teacher.

[PRE VIEWING] Bei der folgenden Szene sollen die S als *script writer* einen *one-liner* schreiben. Dazu sollen sie beim ersten Sehen Mimik und Gestik des Musiklehrers genau studieren, um entscheiden zu können, wie ihm die dargebotene Musik wohl gefällt. Beim zweiten Sehen legen sie ihm dann einen witzigen Satz in den Mund.

Vorgehen: Zeigen Sie die Überleitung unserer *presenters* und den Beginn des Filmausschnitts mit Ton bis zu der Stelle, an der der Musiklehrer laut „*Thank you!*" ruft (05:10). Stoppen Sie die DVD direkt danach. Zeigen Sie ihn ein zweites Mal mit Ton bis zur selben Stelle. Dieses Mal schalten Sie den Ton ab, nachdem der Musiklehrer „*Thank you!*" sagt, und zeigen seine Aussage ohne Ton. Stoppen Sie die DVD und lassen Sie Ihre S, gerne auch in PA, einen *one-liner* schreiben, der zur Stimmung passt.

[WHILE VIEWING] *Film Clip 2 (Fame)*

L *Watch the following film clip, which shows an audition of a young musician. He wants to get into a very famous music school in New York. Listen to his music and concentrate on the old teacher. How do you think he likes Bruno's music?*

Nachdem Sie den Filmausschnitt wie oben beschrieben zum ersten Mal gezeigt haben, sammeln Sie die Interpretationen Ihrer S kurz im Plenum.

L *Now watch the clip again. This time I'm going to turn off the volume and I would like you to write what the professor might be saying next. It is just one sentence and it should be funny – this is called a "one-liner".*

○ 👥 Um diese Aufgabe zu erleichtern, bieten Sie Ihren S die Möglichkeit mit einem Partner zu arbeiten.

[POST VIEWING] Je nachdem wie viel Zeit Sie investieren möchten, lesen Ihre S ihre *one-liners* nun vor und vergleichen diese anschließend mit dem Satz, den der Lehrer wirklich äußert: „*One instrument at a time will be quite sufficient!*"

Alternative Zeitintensiver, aber interessanter lässt sich die Ergebnissicherung gestalten, wenn Sie die Szene einige Male vorspielen, an der entsprechenden Stelle den Ton abstellen und die S wie im Ton- und Synchronisationsstudio ihren *one-liner* zum Bild präsentieren lassen.
Abschließend sollten Sie dann natürlich auch hier den Originalsatz aus dem Film vorspielen.

Optional Zum Abschluss könnte ihre Klasse noch eine kurze Abstimmung über den besten *one-liner* durchführen.

Hinweis: Die Antwort des Studenten ist auch als *one-liner* geschrieben („*I could do it in 4/4 if you prefer it with a disco-beat*"), muss an dieser Stelle aber nicht weiter thematisiert werden.

OVERVIEW

Sarah and Yemi talk about how music is able to link all kinds of different people, even if they speak different languages or come from very different backgrounds. This leads to the third music film in today's programme, *"School of Rock"*. During the first scenes of the film clip, Sarah gives a summary of the story: an unemployed musician gets a job at a private school as a music teacher and discovers his students' musical talent.

[PRE VIEWING] Zeigen Sie die Studioszene, in der Sarah und Yemi über die Möglichkeiten sprechen, wie Musik Menschen jeglicher Couleur verbindet.

L *Watch Sarah and Yemi talk about music and what it can do.*

Stoppen Sie die DVD vor dem nächsten Filmausschnitt und stellen Sie das Verständnis Ihrer S sicher.

L *So, what is it that music can do?*

Lösung *Music links people. People may look different or speak different languages but music can bring them together.*

[WHILE VIEWING]
Film Clip 3, pt. 1, 08:31
(School of Rock)

Zeigen Sie den nächsten Filmausschnitt mit folgendem Arbeitsauftrag und stoppen Sie die DVD, nachdem Yemi sagt „*And, of course, the band that Black forms turns out to be great.*"

L *Let's watch the next film clip. How are the students different from their new teacher? How does music link them in this scene?*

Lösungsvorschlag *The students seem to be rich and like to play classical music. Some of them look a bit arrogant. All look very clean and tidy.*
The teacher, Mr S., doesn't look rich, he has rather long and greasy hair and he likes rock music.
The (rock) music allows the students to have fun. Students and teacher form a band and play together.

[POST VIEWING] Mithilfe der folgenden Frage können Sie das Detailverständnis Ihrer S überprüfen.

L *What reason does the student give for playing classical music?*

Lösung *He says his dad won't let him play the electric guitar because he thinks it is a waste of time.*

Optional **L** *What do you do if your parents make you do things you don't want to do?*

Lösung *Individuelle S-Antworten*

OVERVIEW

The second part of the film clip taken from *School of Rock* and the last film clip of today's programme, again taken from *The Commitments*, belong together if you choose to work with KV 21. They are linked by Sarah and Yemi talking about what a great pasttime playing music can be before introducing the next performance and saying good-bye. The kids surprise everyone at the school with their rock performance and the Commitments show the results of their hard work.

[PRE VIEWING] *KV 21* Teilen Sie KV 21 aus und lassen Sie einen S die Aufgabenstellung laut vorlesen. Teilen Sie bereits jetzt Ihre S in Dreier-Jurygruppen ein, damit nach den Filmausschnitten nicht zuviel Unruhe herrscht.

[WHILE VIEWING] *Film Clip 3, pt. 2, von 08:31 (School of Rock) + Film Clip 4, (The Commitments)* Zeigen Sie beide Szenen inklusive Sarah und Yemis Überleitung ohne Unterbrechung (ca. 4 min).

L *Watch the two bands perform and fill in your score card.*

O Bei einer leistungsschwächeren Klasse zeigen Sie beide Szenen zweimal, damit sich die S beim zweiten Sehen auf einen neuen Aspekt konzentrieren können.

Alternative **O** Oder Sie trennen die zwei Bandauftritte und stoppen die DVD nach dem Auftritt der „School of Rock"-Band, lassen die S erste Notizen machen und zeigen dann den zweiten Auftritt. Bei einem zweiten Sehen am Stück sollen die S ihr abschließendes Urteil fällen.

[POST VIEWING] **L** *Once you have made up your mind, discuss with your two fellow judges and come to a final decision.*

Jeweils ein S aus jeder Gruppe verkündet das Ergebnis seiner Jury und begründet kurz.

Optional Ein S hält an der Tafel die jeweiligen Ergebnisse fest. Zum Abschluss wird ein Gesamtsieger in Ihrer Klasse ernannt.

Optional / Mögliche HA *KV 22* Im heutigen *programme* haben Ihre S viel Musik gehört und gesehen. KV 22 rundet dieses Thema spielerisch ab; eventuell auch als HA.
Trennen Sie den unteren Teil des Blattes ab, um die Aufgabe anspruchsvoll zu halten.

O Um dieses Rätsel zu erleichtern, geben sie Ihren S die ganze KV 22, inklusive der zu suchenden Begriffe.

Lösung

A	F	**B**	X	Y	S	E	O	**L**	**A**	**C**	**I**	**S**	**U**	**M**
J	**S**	T	**A**	E	M	**T**	I	M	M	O	C	E	H	T
E	**A**	P	L	**S**	N	Y	**R**	W	U	D	Q	U	**J**	R
N	**X**	M	H	H	**S**	E	I	**U**	M	D	Q	T	**A**	J
O	**O**	G	E	I	S	M	U	F	**M**	F	A	W	**Z**	H
H	**P**	G	A	S	H	I	P	D	A	**P**	N	O	**Z**	I
P	**H**	**P**	S	I	B	S	E	S	**D**	S	**E**	T	R	**L**
O	**O**	**O**	D	S	E	K	M	T	**R**	A	Q	**T**	A	**Y**
R	**N**	**H**	D	K	E	S	O	K	**A**	R	**D**	K	T	**R**
C	**E**	**P**	**I**	**A**	**N**	**O**	V	W	**O**	A	**R**	K	T	**I**
I	**S**	**I**	**N**	**G**	**E**	**R**	B	T	**B**	H	**U**	L	A	**C**
M	F	**H**	D	F	U	G	N	A	**Y**	I	**M**	Z	R	**S**
U	I	A	**G**	**U**	**I**	**T**	**A**	**R**	**E**	I	**S**	U	S	F
P	F	O	O	T	B	A	L	L	**K**	I	M	A	N	U
A	S	A	S	S	R	C	I	S	E	M	K	L	O	F
R	**O**	**C**	**K**	W	**N**	**O**	**I**	**T**	**I**	**D**	**U**	**A**	Y	C

Optionale Erweiterung

Falls Sie das Programm "Up North" bereits bearbeitet haben, können Sie auch folgende Aufgabe stellen.

Tipp: Die entsprechenden Antworten finden Sie bei den Hinweisen dort.

L *Do you remember what we said about how they make football exciting on film?*

L *Now, watch this scene* (film clip 4 from above).

L *What do you notice when you listen to the song and focus on what the camera shows you?*

Lösungsvorschlag

The camera shows the instrument that is currently doing a solo on the soundtrack. The camera also shows the different singers when they are in the spotlight.

L *Comment on this decision by the director. Can you think of different ways to film a live music scene?*

Lösungsvorschlag

The camera could stay with the singer because he is the most important member in any band, and the person that most listeners or viewers identify with. You could also put a camera behind the band so that you see the audience too. You could also have more close-ups of the instruments being played. You could also show the whole band all the time like you are at a concert.

How to ... read a film poster

Movie Magic: How do they do that?

Read your task A, B, C or D, then watch the film clip from Notting Hill *closely and take notes. Fill in the rest of the chart in a group. What can you say about time in this clip?*

A. What is happening to the weather?	B. What is happening to William?
C. What is happening to the woman with the long red hair?	D. What is happening to the woman with the short red hair?

Movie Magic: How do they do that?

Read your task A, B, C or D, then watch the film clip from Notting Hill *closely and take notes. Fill in the rest of the chart in a group. What can you say about time in this clip?*

A. What is happening to the weather?	B. What is happening to William?
C. What is happening to the woman with the long red hair?	D. What is happening to the woman with the short red hair?

An Interview with Monica Ali

1. Read the following transcript of an interview between Monica Ali and a BBC reporter. Guess which words from the box below might be missing and fill them in.

training • mother • cultures • English • outsider • writer • Bengali • at school • what

Reporter: [...] your father came from what is now Bangladesh and your .... was from the north of England.

Monica Ali: Yes.

Reporter: And if you are the product of two different .... and two different backgrounds, that can be a source of great richness and it can also be a source of tension. For you .... is it? A bit of both?

Monica Ali: Well, inevitably a bit of both and there's definitely a richness there, and, but yes, I mean of course growing up there was ... every child feels like an .... in some aspect and of course that was heightened having an .... mother and a .... father. So, um, you know, learning to behave one way in one social context, among friends ...., say, and learning to behave in a slightly different way in the homes of some of my father's Bengali friends ... but you now that's sort of useful .... in life, I think, to be observant, and especially if you are going to end up being a ...., that is especially valuable.

2. Watch the interview and compare your guesses with what the people really say. Correct your guesses if necessary.

3. After you have watched the interview, read Monica Ali's answer again.
a) What is her family background?
b) What did she find particularly difficult as a child?

What are you thinking?

After you have watched the film clip, look at these photo stills from the scene. Fill in the thought bubbles. What might the mother and the father be thinking in those exact moments?

Please, Amma. Please. Tell him. Tell him you don't want to go!

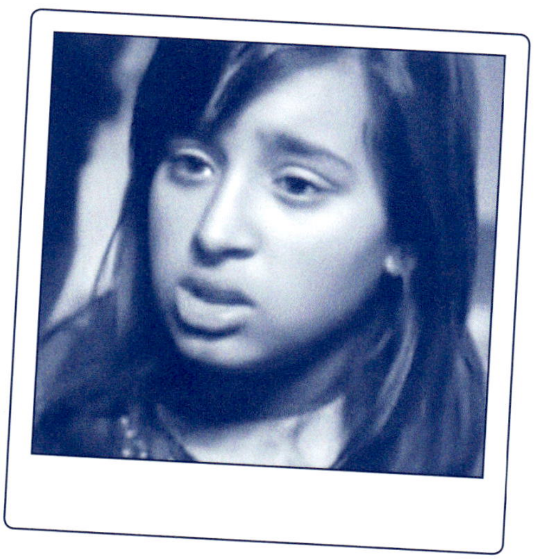

You're pathetic! Bangladesh is gone. It's another time.

The Union Jack: One flag? No, three!

1. Match the flags with their names, the country they belong to and the story that goes with each of the patron saints (Schutzheiliger, Schutzpatron).

The name: ....

The country: ....

The story: ....

The name: ....

The country: ....

The story: ....

The name: ....

The country: ....

The story: ....

"St Andrew's Cross" • "St George's Cross" • "St Patrick's Cross" • The national flag of Scotland • A flag of Irish origin • The national flag of England • Andrew was one of the twelve Apostles. The story is that his body was brought to where the town of St Andrews is today. • George was a Roman soldier. The story is that George killed a dragon to rescue a princess. The people were so thankful that they became Christian. • Patrick was a Christian missionary. The story is that thanks to Patrick there are no snakes on this island.

2. Put the three flags together, so that you get the Union Jack. Draw it.

The name: *Union Jack*

The countries: *The national flag of the United Kingdom of Great Britain and Northern Ireland*

The legend: *The name "Jack" might come from the name of King James I / James VI of Scotland (1566–1625) but there are some other theories as well.*

The diary of King Edward I

Imagine you are Edward I, King of England in 1297. Listen closely to the report on the Battle of Stirling Bridge. Write into your diary how you feel and what you want to do with William Wallace.

The diary of King Edward I

Imagine you are Edward I, King of England in 1297. Listen closely to the report on the Battle of Stirling Bridge. Write into your diary how you feel and what you want to do with William Wallace.

Crossword: Scotland

Listen closely to what Yemi tells you about Scotland and then do the crossword. The clues below will help you.

Across

1 This group of people makes political decisions in Scotland.

4 The high mountain region of Scotland.

7 When you're in London, go and look at Big Ben and the Houses of ……………… .

8 Hoy is one of Scotland's hundreds of little ……………… .

9 The Scottish National Party would like Scotland to be completely ……………… .

Down

2 The name of the city where politics is made in Scotland.

3 In the 13th century William Wallace fought for Scotland's ……………… .

5 These people have had problems with the English for almost 800 years.

6 The answer to no. 2 is the ……………… of Scotland.

Robbie and Emily

1. Match the bits of information to either Robbie or Emily and write them next to their picture.
***Tip:** Some information is true for both kids.*

likes ice cream • going fishing • Orkney island Shapinsay • Orkney island Flotta • primary school • 11 students • 22 students • eleven years old • long brown hair • no secondary school • 80 people • sports fan • only home at the weekends • big schoolbag • white handbag • comprehensive school in Kirkwall

Robbie

....

....

....

....

Emily

....

....

....

....

2. Write a short text about Robbie or Emily. Use the information from this worksheet.

....

....

....

....

....

Train your brain

You've seen clips from the documentary "I love Manchester".

1. Tick what things, people and animals you were able to see. ✓

2. Mark the things you would like to see or do on a visit to Manchester. ☒

○ a Chinese gate

○ a martial arts fighter

○ a lantern

○ a double-decker bus

○ people dancing

○ a Giant Panda

○ Robbie Williams

○ a restaurant

○ a football player

○ a dragon

○ a tram

○ a propeller plane

New Year Celebrations

1. *Write down what you learned from the documentary "I love Manchester" about the Chinese New Year. How do Chinese people celebrate it? What do they need for it to be complete?*

....

....

....

2. *How do YOU celebrate New Year's Eve? What do YOU need for your celebrations to be complete? What about your classmates?*
   Fill in the chart for yourself, then get up, walk around and talk to three of your classmates and ask them how they celebrate. Write their answers down.

How do YOU celebrate New Year's Eve?	How do your classmates celebrate New Year's Eve?
	Name of 1st student:
	Name of 2nd student:
What do YOU need to celebrate New Year's Eve?	
	Name of 3rd student:

3. *The New Year Jumbled Word Game. Guess the jumbled words.*

HDLAOYI	→	NAAJYRU	→ ....
RELCEBATE	→	REBMECED	→ ....
LMYIA	→	IVAFESTL	→ ....

On holiday: youth hostels

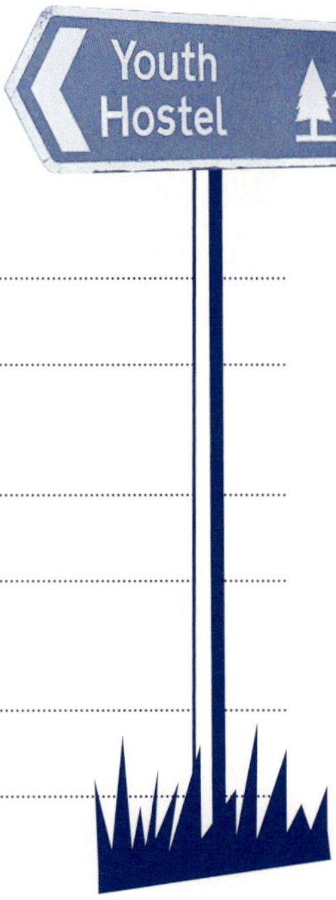

1. With a partner, write down what is important in a place to stay.

For young people: ....

....

For adults: ....

....

For you personally: ....

....

2. Now, watch the film clip and tick the correct pictures below:
What does the youth hostel in the film clip offer? Check your answer with your partner.

1

2

3

4

5

6

7

8

3. Watch the film clip again and prepare some arguments for a group discussion.
Would you like to stay at this youth hostel on a visit to Manchester? Why or why not?
Would you like to stay at a youth hostel at all? Why? Why not?
***Tip:** Your list from no. 1 above will help you make a decision.*

Role Play – Partner A

Where to stay in Manchester – youth hostel vs. B&B

You and your friends want to go on holiday to Manchester. All of a sudden a discussion has started about where to stay. You and one of your friends definitely want to stay at a youth hostel. Try to convince your other friends that a youth hostel is the much better decision. The information below will help you.

The youth hostel offers:
Full English breakfast for just £5 • self-catering kitchen • restaurant • TV lounge • library • vending machine • public telephone • bar • games room • toilets and showers on every floor.

Positive aspects about this youth hostel:
Big rooms • clean • open 24 hours a day • cheap • friendly and helpful staff • in the centre of Manchester

---

Role Play – Partner B

Where to stay in Manchester – youth hostel vs. B&B

You and your friends want to go on holiday to Manchester. All of a sudden a discussion has started about where to stay. You and one of your friends definitely want to stay at a B&B. Try to convince your other friends that a B&B is the much better decision. The information below will help you.

Facilities at the B&B you found on the Internet:
breakfast and dining room • every room has a bathroom (shower or bathtub and a toilet) • Sat-TV and telephone • vending machine in the hall

Positive aspects about this B&B:
Big rooms • clean • cheap • run by a friendly family • food cooked by the mother of the house • room service

"Goal" – How to make footie exciting

Right or wrong?

a) Read the six statements below and discuss with your partner if you think they are true or not. Do not tick anything yet.

b) Watch the interviews with actor Kuno Becker and director Danny Cannon from the "making of" of the film Goal. *Are the sentences right or wrong? Tick the correct answer.*

	right	wrong
1. Scenes for the film were shot during real life Premier League matches.	○	○
2. The director was able to see some football matches right from the sidelines.	○	○
3. You can see the faces of famous footballers and hear them from down there.	○	○
4. The actors never played with the real football stars.	○	○
5. 52,000 football fans were in the stadium when they shot scenes for the film.	○	○
6. The people in the stadium were really quiet in order not to disturb the actors.	○	○

c) Watch the film clip again and correct the wrong statements.

....

....

....

....

....

....

....

....

Tandem dictation – Partner A

1. A reads the text out till there is a gap. B then reads till there is a gap. A reads again, etc.
2. Read the text out again but now, write what your partner says in the gaps.
3. Read the whole text to yourself and write a question about the text to ask your partner.

Dragon boat racing is fast, fun and exciting

A dragon boat .... canoe-style .... used in the .... of dragon .... It started .... over 2000 .... , so it is .... oldest .... sporting events. .... are decorated .... dragon .... The Chinese .... had power over .... and the .... Normally .... has 22 people: .... , a drummer .... the paddlers .... , and a .... who keeps .... on the .... A race is .... metres long .... , the 5th .... racing World .... took place .... Dragon boat .... shows how .... Chinese culture .... and integrated .... the Canadian ....

Tandem dictation – Partner B

1. A reads the text out till there is a gap. B then reads till there is a gap. A reads again, etc.
2. Read the text out again but now, write what your partner says in the gaps.
3. Read the whole text to yourself and write a question about the text to ask your partner.

Dragon boat racing is fast, fun and exciting

.... is a long .... boat which is .... team sport .... boat racing. .... in China .... years ago, ... one of the .... organized .... Dragon boats .... with Chinese .... heads and tails. .... thought the dragon .... the waters .... rainfall. .... each team .... : 20 paddlers, ... who keeps .... in rhythm, ... sweep .... the boat .... right path. .... 200–500 .... and in 2006, ... dragon boat .... Championships .... in Toronto. .... racing .... a part of .... is accepted .... into .... way of life.

Crossword: Toronto

Listen closely to what you learn about Toronto in the clip and then do the crossword. It might be easier to fill in the gaps first and then write your results into the crossword.

Across

1. Toronto is the capital of the province ....
2. The Air Canada Centre is used for sports and ....
3. Young tourists love this street: ....
4. Queen Street is hip and ....
5. Queen Street is famous for .... finds.

Down

6. Another name for a street car in Toronto: Red ....
7. You can find coffee .... at every corner.
8. Some blocks away from Queen Street there is .... Market.
9. Grocery markets are open .... days a week on Kensington Market.

Amy and her new home

1. Pre viewing tasks:

a) Imagine you suddenly have to live with your father or mother who lives in another country. You haven't seen him or her for many years. How would you feel?
b) Pick 5 adjectives from the box below or use your own. Write them on the lines underneath the box.
c) Be prepared to give reasons for your choice.

worried • weird • welcome • weak • upset • unhappy • uncomfortable • terrible • surprised • strange • shocked • scared • sad • relaxed • nervous • horrible • happy • fantastic • excited • comfortable • angry • alone • afraid

I would feel ...

2. While viewing tasks:

a) Watch the film clip carefully. How does Amy feel?
b) Pick 5 adjectives from the box above or use your own. Write them on the lines below.
c) Compare her feelings with your list.

Amy feels ...

3. Post viewing tasks:

a) Watch this film clip again and then discuss with a partner: How does the actress let you feel her emotions? How does the film help you feel her emotions?
b) Imagine you are Amy. Write a diary entry after your first couple of days at your dad's home.

A picture says a thousand words

Look at these two film stills from Fly Away Home.

1. *Describe what Amy might feel in both situations. How do you know?*
2. *After you have watched the two film clips, compare Amy's feelings in both scenes. What has changed? Did you guess correctly in exercise 1?*

Right or Wrong: Amy and her geese

Watch the film clip from Fly Away Home.
Tick the correct answers to the sentences you see below.

***Tip**: Sometimes you have to watch out for what is happening around the main characters.*

	right	wrong
1. Geese learn everything from their parents.	○	○
2. Amy has to take care of 5 baby geese.	○	○
3. Amy doesn't like taking care of the geese.	○	○
4. Amy is fifteen years old.	○	○
5. The geese think Amy is their mother because she is the first living thing they see.	○	○
6. The geese will follow everywhere Amy goes.	○	○
7. There is one big tree on the right hand side of the house.	○	○
8. Amy likes skirts and hats.	○	○

Right or Wrong: Amy and her geese

Watch the film clip from Fly Away Home.
Tick the correct answers to the sentences you see below.

***Tip**: Sometimes you have to watch out for what is happening around the main characters.*

	right	wrong
1. Geese learn everything from their parents.	○	○
2. Amy has to take care of 5 baby geese.	○	○
3. Amy doesn't like taking care of the geese.	○	○
4. Amy is fifteen years old.	○	○
5. The geese think Amy is their mother because she is the first living thing they see.	○	○
6. The geese will follow everywhere Amy goes.	○	○
7. There is one big tree on the right hand side of the house.	○	○
8. Amy likes skirts and hats.	○	○

Jimmy Rabbitte's newspaper ad

Imagine you are interested in playing with a band and you read this newspaper ad. Answer the questions and compare your answers with a partner.

i redneck: "Prolet" • southsider: somebody from the southern part of Dublin, south of the river Liffey • (to) audition: vorsingen, vorspielen • (to) apply: sich bewerben

WANTED

Have you got soul?
Want to be someone?
If so, the world's hardest – working band is looking for you!
→ Contact J Rabbitte.
Rednecks and Southsiders need not apply.

	You	Your partner
What kind of person or musician is Jimmy looking for?		
How would you dress for an audition?		
What song would you play?		

Jimmy Rabbitte's newspaper ad

Imagine you are interested in playing with a band and you read this newspaper ad. Answer the questions and compare your answers with a partner.

i redneck: "Prolet" • southsider: somebody from the southern part of Dublin, south of the river Liffey • (to) audition: vorsingen, vorspielen • (to) apply: sich bewerben

WANTED

Have you got soul?
Want to be someone?
If so, the world's hardest – working band is looking for you!
→ Contact J Rabbitte.
Rednecks and Southsiders need not apply.

	You	Your partner
What kind of person or musician is Jimmy looking for?		
How would you dress for an audition?		
What song would you play?		

The Auditions

Imagine you are Jimmy. Rate the musicians (1 = very bad to 10 = very good). Write a few words about your decision. Compare your answers with a partner.

category	You	Your partner
Singing		
Style		
right kind of music		
Overall performance		

category	You	Your partner
Singing		
Style		
right kind of music		
Overall performance		

category	You	Your partner
Singing		
Style		
right kind of music		
Overall performance		

category	You	Your partner
Singing		
Style		
right kind of music		
Overall performance		

Battle of the Bands

Imagine you are the judge in a big "Battle of the Bands" show.
The last two contestants in the finals are the "School of Rock" band and "The Commitments".
Use this chart to rate the bands in four categories.

1. *Take notes in the chart. Rate the musicians (1 = very bad to 10 = very good).*
2. *Compare your answers in a group and decide who should win.*

Your Score Card

	The "School of Rock" Band	"The Commitments"
The song		
The singer		
Overall band performance		
Style (clothes)		
Your choice		

Word Search: The world of music

There are 16 words hidden in this grid that all have to do with the world of music. They are written from left to right, from right to left, from top to bottom, from bottom to top and diagonal.

A	F	B	X	Y	S	E	O	L	A	C	I	S	U	M
J	S	T	A	E	M	T	I	M	M	O	C	E	H	T
E	A	P	L	S	N	Y	R	W	U	D	Q	U	J	R
N	X	M	H	H	S	E	I	U	M	D	Q	T	A	J
O	O	G	E	I	S	M	U	F	M	F	A	W	Z	H
H	P	G	A	S	H	I	P	D	A	P	N	O	Z	I
P	H	P	S	I	B	S	E	S	D	S	E	T	R	L
O	O	O	D	S	E	K	M	T	R	A	Q	T	A	Y
R	N	H	D	K	E	S	O	K	A	R	D	K	T	R
C	E	P	I	A	N	O	V	W	O	A	R	K	T	I
I	S	I	N	G	E	R	B	T	B	H	U	L	A	C
M	F	H	D	F	U	G	N	A	Y	I	M	Z	R	S
U	I	A	G	U	I	T	A	R	E	I	S	U	S	F
P	F	O	O	T	B	A	L	L	K	I	M	A	N	U
A	S	A	S	S	R	C	I	S	E	M	K	L	O	F
R	O	C	K	W	N	O	I	T	I	D	U	A	Y	C

These are the words that are hidden in this grid:

drums • jazz • lyrics • keyboard • audition • musical • hip hop • rap • microphone • rock • saxophone • piano • singer • guitar • bass • trumpet

Choosing a film

Diese KV dient der Aktivierung von Vorwissen und der Einbeziehung der Erfahrungswelt der S zum Thema „Choosing a film“. Sie ist frei einsetzbar und nicht an die vorangegangenen Stundenvorschläge gekoppelt. Somit eignet sich die KV u. a. für Vertretungsstunden oder als Zusatzmaterial. Um Ihnen als Lehrperson freien Raum für eine kreative Aufgabengestaltung zu geben, wird auf konkrete Angaben zur Sozialform und Auswertung der Aufgabe verzichtet.

Choosing a film

Which aspects are important for you when choosing a film? Rank from 1 = not important to 10 = very important (X). Give reasons for your choice.

Aspects	ranking	Why
an interesting film poster		
exciting trailers		
good film reviews (website, etc.)		
positive opinions of friends who have seen the film		
the actors		
the director of the film		
awards (e.g. Oscars)		
the music and special effects		
the plot of the movie		
the type of film (drama, etc.)		
the location and facilities of the cinema where the film is shown		
other		

Erläuterung

Die nächsten zwei Seiten bieten eine Sammlung von Unterrichtsideen, die den zeitlichen Rahmen einer normalen Unterrichtsstunde sprengen oder das eigentliche Thema des jeweiligen *Programme* weiter fassen. Dies sind Ideen für Internetprojekte, AG-Arbeit, fächerverbindenden Unterricht, bilingualen Unterricht, mögliche Referatsthemen beziehungsweise Themenvorschläge für klausuradäquate Leistungen. Bei einigen Vorschlägen finden Sie in Klammern noch einen kurzen erläuternden Hinweis.

London

Internetrecherche:	Immigrants in London
Internetrecherche:	Brick Lane Market; The different markets in London
Interpretation/Mediation:	S mit Migrationshintergrund interviewen ihre (Groß-)Eltern über deren Gründe ihr Heimatland zu verlassen und darüber, wie der Neuanfang in D war. Sie versprachlichen diese Informationen auf Englisch (mdl./schriftl.).
Referat:	The history of the *Empire Windrush* (anspruchsvoll)
Vertiefung:	Bangladeshis in London and/or England

Scotland

Biling./Fächerverbind. Unterricht:	Mit Erdkunde: Islands in the North Sea
Film:	*Braveheart* (allerdings sehr lang und FSK 16)
Referat:	William Wallace and his fight for freedom
Referat:	The Scottish Assembly – the power it has (anspruchsvoll)
Referat:	The Scottish Highlands
Referat:	The history of Scotland and England – Where do the problems come from?

Up North

Internetprojekt:	Plan a three-day trip to Manchester (angelehnt an SB, Unit 1 „A day in London")
Referat:	New Year celebrations around the globe (interessante Website zum Thema: http://edtech.kennesaw.edu/Jerrie/WebQuest/Kathie/NewYear.html#Top2)
Referat:	The Chinese New Year
Referat:	My favourite football club
Referat:	From Rags to Riches – the American Dream in England
Referat:	*Goal* – the movie trilogy
Vertiefung:	Take a virtual tour of Old Trafford – the "Theatre of Dreams": http://www.manutd.com/default.sps?pagegid=%7B3D311A73-611A-43C9-9852-82DF97917873%7D&section=welcome

Canada

Biling./Fächerverbind. Unterricht:	Mit Biologie: Geese, migrating birds, conditioning, imprinting
Referat:	The history of Canada
Referat:	Canada – a country of immigrants
Referat:	Canada and the USA – friend or foe?
Referat:	The story of Qu Yuan, the great poet (anspruchsvoll; Die Drachenbootrennen erinnern an seine Geschichte)
Referat:	Canadian pop groups – for example Arcade Fire
Referat:	Montreal – a bilingual city
Vertiefung:	Monty Pythons „*Lumberjack-Song*" (zum Thema Stereotype, Klischees, Vorurteile; gibt es im Internet auf Englisch und auf Deutsch, allerdings nicht ganz jugendfrei)

Music, music, music

AG-Arbeit:	S studieren in Zusammenarbeit mit dem/der Musik-L einige Lieder aus dem Film *The Commitments* oder *School of Rock*, z. B. in einer Projektwoche, ein und führen diese am Tag der Offenen Tür oder beim Schulkonzert auf.
Referat:	My favourite band or music style – This is what makes it so special to me.

PROGRAMME 1: London

Yemi	Hi, and welcome to our new series "WWW". "What's in? What's on? What's up?" My name's Yemi.
Sarah	And I'm Sarah, and for the next few months we'll be here with all sorts of interesting topics.
Yemi	We'll be showing you what's "in" in Manchester.
Sarah	What's "on" on the Orkneys, in the north of Scotland.
Yemi	And what's "up" in the beautiful city of Toronto in Canada.
Sarah	But, as our series comes to you from the capital of the UK, London, we thought we'd start with a "WWW" on ... London!
Yemi	London: I love this city, it's my hometown. And I guess one of the first things you think about when you say "London" is the sights.
Sarah	Well, that's not the London we wanted to show you. The first thing I think of when I hear "London" is fashion.
Yemi	Looking good ... Take a look.

Montage: London

Yemi	But we didn't want to show you that London either.
Sarah	We wanted to show you the real London.
Yemi	What's in, what's on and what's up in our London?
Yemi (VO)	The London of hundreds of different colours and languages.
Sarah	The London of hundreds of different smells and tastes.
Yemi	The London of many different customs, cultures and people.
Sarah	And the London of many different films. I just love movies and London is a great place for them. You can see all the latest Hollywood movies.
Yemi	All the latest UK, French, German, Italian films, those amazing Bollywood films from India. So whether your are into dramas or romantic comedies, musicals or thrillers, there's always something for you to see.
Sarah	Well, I have to admit, I love romantic comedy and I love London, so one of my favourite films ever is "Notting Hill".
Yemi	Notting Hill, that's the area of London where the Carnival is every year.
Sarah	OK! Well, here's how William, played by Huge Grant, sees it after his girlfriend Anna leaves him. "Ain't no sunshine when she's gone", says the song. So we know he's sad that Anna, played by Julia Roberts, is gone. But now watch how the film shows him living through a whole year without her ... in just one shot!

Notting Hill (at the market)

Sarah	Well, did you see the film effects that showed a whole year?
Yemi	Yeah, I think I did. He walked through four seasons. At the beginning of the shot it was summer, then it got windy and rained, like in autumn. Then it got colder and started to snow and people were buying Christmas trees. So it was winter. Then the sun came out and there were spring flowers. Oh, and one more thing. At the beginning of the shot there was a lady who was going to have a baby, and at the end of the shot, the same lady was playing with her baby.
Sarah	Very good, Yemi. These film people are really clever, aren't they? Oh, and I just love it in the end when Anna and William finally get each other.
Yemi	Of course, the famous London traffic almost stops them getting together. Take a look at this ... Anna is about to leave for America. If William and his friends don't get to her hotel in the next few minutes she'll be gone forever.

Notting Hill (traffic scene)

Spike	Bugger this for a bunch of bananas. Stop, stop, stop! Stay there! Go, go! Whoa, whoa, whoa ... Hang on! Come on! No, wait! Wait there! Come on! Come on! Wait! Whoa, whoa, whoa ... Go on! Through, through, through!
Honey	You're my hero!
Spike	Down boy!
Sarah	See, there's always a way through London traffic.
Yemi	Yep, underground on the Tube!
Sarah	You're awful.
Yemi	I know. Anyway, enough of all that. A lot of people come to London from other countries. Now I don't mean tourists. I mean people like my grandmother or grandfather. They were just kids when they came here with their families from Nigeria and decided to stay here and settled here. Now there are thousands of people like me, who are born and bred Londoners, who have roots all over the world, in other countries.

London Street markets

Yemi (VO)	Having so many languages and cultures makes the many London street markets particularly interesting. In Brick Lane Market you'll see lots of Bengali specialities, in Brixton Market there's loads of Afro Caribbean stuff and at Camden Lock, you'll see just about everything from everywhere! London is just so exciting. I wouldn't want to live anywhere else on earth!
Sarah	Me neither, it's a great city. Next time we've got something very different for you.
Yemi	Hope you'll join us for another edition of "WWW"!
Sarah	See you soon!
Yemi	Bye-bye!
Sarah	Bye!

EXTRA: Brick Lane

Yemi (VO)	Monica Ali is a wonderful writer who wrote a bestseller which is set in and around Brick Lane. In a BBC interview she talks about how her roots in Bangladesh helped her write the book, and about how as a kid she sometimes felt like an outsider – somebody who didn't belong, didn't fit in ...

Interview with Monica Ali

Gavin Esler	Your father came from what is now Bangladesh and your mother was from the north of England.
Monica Ali	Yes.
Gavin Esler	And if you are the product of two different cultures and two different backgrounds, that can be a source of great richness, it can also be a source of tension. For you what is it? A bit of both?
Monica Ali	Well, inevitably a bit of both. There's definitely a richness there. But yes, I mean of course growing up there was ... I suppose every child feels like an outsider in some aspect. But of course that was heightened having an English mother and a Bengali father. So, you know, learning to behave one way in one social context, amongst friends at school, say, and learning to behave in a slightly different way in the homes of some of my father's Bengali friends. But you know, that's a sort of useful training in life, I think, to be observant. And especially if you're going to end up being a writer, that's especially valuable.
Sarah	Really interesting. I remember feeling I was an outsider when I was a kid, because I was too skinny.
Yemi	And I remember feeling like an outsider, because my skin was darker than the other kids! Monica Ali is great though, and her book "Brick Lane", that's really great, too.
Sarah	And the movie "Brick Lane". Look, here's my favourite scene. The mum and dad, Amma and Abba, are from Bangladesh, but the kids are Londoners. Now Dad wants to take them back home to his home in Bangladesh.

Brick Lane

Abba	What is so funny, Memsahib?
Shahana	You are!
Abba	Shahana! – You are ... with your stupid phrases.
Shahana	You're always encouraging us to fit in. It worked! We do fit in. You're the one who's stuck somehow, Abba. – Tell him. Tell him you don't want to go.
Abba	What? He takes away my son and curses me with daughters? Be careful what you say, Memsahib!
Shahana	We're not the ones lost, Abba! You are! She's been married to you for nearly twenty years. And in all my life, Amma, I have never heard you say what you want. Please, Amma, tell him! Tell him, Amma! Please, for once. Please, tell him! Please, Amma! Tell him you don't want to go. Just tell him you don't want to go. Tell him! Please! Please, Amma. You're pathetic. Bangladesh is gone. It's another time.
Sarah (VO)	"Bangladesh is gone. It's another time", says the girl. And later, the mum finally does tell the dad how she feels.
Amma	I cannot leave.
Abba	I cannot stay. I cannot stay.

PROGRAMME 2: Scotland

Sarah	Hi, and welcome to "WWW". "What's in? What's on? What's up?"
Yemi	What's "in" is a pretty interesting part of the UK. Scotland. What's "on" in Scotland is everything from cool music to great films. And what's "up" is that 30th November is St Andrew's Day, and St Andrew is the patron saint of Scotland. And this is the flag of St Andrew, which forms part of the Union Jack.
Sarah	Do you know, Yemi, before I came to the UK, I once made the terrible mistake of saying to a Scotsman: "Oh, you're from England, aren't you?"
Yemi	Did he hit you, or ...?
Sarah	No! But he was really angry.
Yemi	Yeah, I bet! You should never call a Scotsman English. They've hated the English for, like, 800 years!
Sarah	Why is that?
Yemi	Well, the Scots always saw themselves as different to the English. They wanted the English to leave Scotland. They wanted their independence. Like you Americans! In around 1290 ...
Sarah	1290! That's ... over 700 years ago!
Yemi	Yep. In 1290 this guy, William Wallace, led the Scots against the English. And in 1297 the English decided to finish off William Wallace and the Scots.

William Wallace

Yemi (VO)	The English army was five times as big as the Scottish army. It seemed hopeless. But William and his men wanted their independence. So they fought and fought and they won.
Sarah	They won?!
Yemi	Yep. It was the battle of Stirling Bridge and the Scots won it. But, a few years later though, the English caught William Wallace and they killed him.
Sarah	And today the Scots still don't want to be controlled by the English. Do they, Yemi?
Yemi	No, they don't, Sarah. Today the Scots have their own parliament. It's called the Scottish Assembly and it's in Scotland's capital, Edinburgh. And the biggest Scottish political party, the Scottish National Party, would like Scotland to be completely independent.
Sarah	But for now, Scotland is still part of the UK, right?
Yemi	Yeah, it is, and a very interesting and beautiful part. Just over five million people live in Scotland, and almost one in ten of those lives in either the Highlands, in the north of Scotland, or on one of Scotland's hundreds of little islands. Which brings us to "what's on"?
Sarah	Is this where we show that documentary?
Yemi	It is, Sarah, but I promise you, it may be just a documentary and not a big budget movie, but you're going to love it. These kids' lives are really interesting. There's a new TV documentary on Scottish television soon about the kids on the Orkney Islands. Now, there are so few kids on the Orkney Islands that sometimes there's no school for them, so they have to go "over the sea to school", which is the title of the series. In this clip we follow two kids, Emily and Robbie, as they prepare to leave home and go to secondary school.

Over the Sea to School (Orkney Island)

Narr. (VO)	This is the last day of Robbie's summer holiday. Robbie lives on the tiny island of Flotta. He's eleven and his life's about to change. Forever. Flotta is one of the Orkney Isles way up in the Atlantic Ocean, north of Scotland. Only 80 people live on Flotta. There's no secondary school and the primary only has eleven pupils. Or it did until Robbie left seven weeks ago. His schoolbag isn't like most children's. It's going to be enormous. Because from tomorrow Robbie's having to leave home and travel over the sea to school. It's so far away that he'll only get home at weekends.
Robbie	While I was packing, it really hit me that I was actually going, and not just going back to the same school, that I'm actually going to another place completely.
Narr. (VO)	On another Orkney Island, called Shappensey, lives Emily. The primary school she went to only had 22 pupils. Tomorrow Emily, like Robbie, will be starting at the big comprehen-sive school in Kirkwall.
Sarah	Gee, I think Emily and Robbie are very brave. Imagine it ... One day you're at a school with 20 other kids, and the next you're at a school with 950 kids. I'd be real scared. And they have to live away from home all week. I don't think I'd like that either.
Yemi	See, I told you this documentary would interest you. Let's find out a bit more about the hostel and the school.

Over the Sea to School (A typical school day)

Narr. (VO)	The hostel is run by house parents, although the pupils usually call them "matrons". Robert is a new matron. He used to be a professional footballer. But is he playing by the rules?
Girl 1	Robert Macnamara, one of the matrons, is a big cheat! He cheats at pool and darts and table tennis and just everything. And chess.
Craig	Well, I have to go there, so it's goodbye, queen.
Macnamara	And it's good night, Craig.
Craig	Ah, yes ...
Narr. (VO)	It's early on a typical school morning.
Girl 2	At half past 7 it goes ... And you have to get up.
Girl 1	Yeah, right down my ear!
Girl 2 (VO)	And then again at 8 o'clock for breakfast.
Girl 2 (VO)	And then you gotta go to school around half past eight-ish.
Narr. (VO)	Kirkwall Grammar is a very musical school. Sammy has started one-to-one fiddle lessons.
Teacher 1	Brilliant! Do you think you can do that for next week?
Sammy	I'll try.
Teacher 1	That line, and this whole page.
Sammy	I'll try.
Teacher 1	OK, brilliant.
Narr. (VO)	Meanwhile, S2 are learning to boogie.
Sarah	I love that music!
Yemi	Me too, me too! Of course Scotland's always had a great music scene.
Sarah	But, sadly, our time is up for today. We hope you'll join us again soon for another "WWW".
Yemi	For now, we'll leave you with hit Scottish band Travis and their track "All I want to Do is Rock".

Travis: All I wanna do is rock

Travis

... the other way
But today I'll stay
Not walk away
Hey
I'm a foot without a sock
Without you
Love
You seem to work around the clock
Say
All I wanna do is rock
If this was any other day
I'd turn and walk the other way
But today I'll stay
Not walk, just rock

PROGRAMME 3: Up North

Yemi	Hello, "WWW" fans! And welcome. We've got a really good show for you today.
Sarah	Yes, we do. "What's in? What's on? What's up?" has lots of terrific stuff for you this week. What's "in" is the city of Manchester. Everybody's going there.
Yemi	And what's "on" is a really good football film. Sarah, you're going to love it.
Sarah	A football film? As in European football? Soccer? I don't think so. I like American football. Anyway, what's "up" this week is the Chinese New Year, with celebration happening in Chinatown here in London and up north in Manchester.
Yemi	Wow, I didn't know there was a Chinatown in Manchester.
Sarah	Well, there is, and I've got this clip to prove it. It's from Channel M, that's M for Manchester. It's called "I love Manchester" and you can really see why.

I Love MCR (introduction)

Sarah (VO)	You know, people call Manchester the capital of the north. The city has everything: old and new, great restaurants, clubs, festivals. As you can see, it's quite an exciting place, with lots happening. And here's Chinatown! Of course there are great Chinese restaurants, but that's not all. The Chinese people of Manchester celebrate their festivals here. And this month it's Chinese New Year. And there's the dragon. No Chinese celebration would be complete without it.
Yemi	That was really interesting, Sarah. They say you learn something new every day. And today I learned something new about my country from an American. I thank you.
Sarah	You're welcome. Anyway that's just one reason why I wanna go to Manchester. Everybody I know has been there, or they want to go there.
Yemi	But where are you going to stay? I mean, everybody's going to Manchester and the hotels must be full ... and expensive.
Sarah	But it's not expensive if you stay at a youth hostel.
Yemi	Youth hostel?! Aren't youth hostels really boring? And you have to be back at, like, ten p.m. I mean, it's Manchester! You want to go to clubs and stay out late at night.

Sarah — Yemi, when was the last time you were at a youth hostel? They've changed. I think you'll be surprised.

I Love MCR (Youth Hostels)

Sarah (VO) — The Manchester youth hostel is in a really nice part of town, where the canals are. It's very clean and there's lots of room. And of course, youth hostels are great places to meet other young travellers. The meals are cheap and people say the breakfasts are really great! There's even a bar ... and a games room!

Yemi — You know, you're right, Sarah. Youth hostels have changed, they're more like hotels. Chinatowns, youth hostels ... That's all very nice. But what do most people think of when they think of Manchester?

Sarah — I know where this is going. Football!

Yemi — That's right, Sarah. Manchester City, Manchester United. Manchester is football.

Montage: Manchester Football

Yemi (VO) — In Manchester you've got Manchester City with a great stadium and terrific fans. But Manchester has also got my favourite team, Manchester United. There's nothing like football at Old Trafford and I think United fans are simply the best, all dressed up in red, singing and cheering. Now that's football!

Yemi — And now I'd like to tell you about a film that's on later this week.

Sarah — Let me guess. It's a football film.

Yemi — Well, yes and no. There's so much more to "Goal!" than footie. Even if you aren't a footie fan you're going to like it, because it's got a great story. You see, there's this kid, this Mexican kid, Santiago Muñez. He lives in Los Angeles. He's poor, but he's a really good footballer. Then one day he's discovered. He gets to go to England, to Newcastle, which is another great city up north.

Sarah — And when he gets to England, everybody loves him and he becomes rich and famous.

Yemi — Well no, not at first. After a time ... He works really hard and after a time he gets to play for Newcastle in a really big match against Chelsea. There's some great football action.
You'll see ...

Goal

Ann. (VO) — Well, that's given away by Liverpool. And it's Alan Shearer looking to organize a counterattack here for Newcastle United. He's got support to his right. Stephen Carr. Now Dyer taking over. Harris is getting into the middle. Here comes Harris! And a goal! It's Harris! It's a dream start for Newcastle!

Sarah — I never thought I'd say this, Yemi, but you were right. Those football shots were very exciting. So much better than on TV.

Yemi — But do you know why they were different?

Sarah — I think I do. In the movie you saw just one or two players most of the time, really close. There's a lot more drama.

Yemi — But in the film you can't follow the match very well.

Sarah — That's true, but I still like the way they do it in the movie better. But how were they able to get those great action shots?

Yemi — I'm glad you asked that, Sarah. Because they've actually made a film of the making of "Goal!" And here the director and the main actor talk about how they were able to make it all so exciting and realistic.

Making of Goal

Danny Cannon — So we were only shooting games to get pieces of it. The games are much more montages, so that in mind I wanted to get as close as possible. There was a couple of times where I could see games right from the sideline, right near the linesmen. And you look at a game very differently when you see that.

Kuno Becker — It's not just like doubles here and there and faces and silhouettes. You can see the faces of the famous footballers.

Danny Cannon — When you can hear Alan Shearer, Frank Lampard, Steven Gerrard, the hard tackles, the speed, the precision, the abuse you're taking or the enthusiasm, you get that sense of what it would be like, to be one of them.

Gavin — Salsaman!

Narr. (VO) — Uniquely, "Goal!" the movie managed to get their actors on the pitch with the real footballers on match day. An unforgettable experience for them.

Kuno Becker — I think it's one of those feelings that you have when you're a rock star or something. And you're just on a stage, and you know, you're receiving so much energy. Just running in a stadium in the middle of a pitch with 52,000 people screaming. We were shooting just at the very end of the game, and it was just a real game and there were real people! And they were really, really screaming and really shouting.

Sarah — Cool! It's always interesting to see how they make movies. And you know what?

Yemi — What's that?

Sarah — I am going to watch "Goal!" on television. It looks exciting. And the guy who plays Santiago Muñez is very good-looking.

Yemi — I thought you might say that. His name's Kuno Becker. He trained seven weeks with the professional players, so he could make this film. By the way, did I mention that David Beckham's also in the film?

Sarah — Really?! Wow, I love David Beckham.

Yemi — Just one more reason to watch then. But I see we're out of time.

Sarah — Yes, I'm afraid so. But we'll be back soon with another instalment of "WWW".

Yemi — "What's in? What's on? What's up?" Till next time!

Sarah — Bye!

PROGRAMME 4: Canada

Yemi — Hello, and welcome to "WWW".

Sarah — Today we're taking a look at a small, small part of one of the biggest countries in the world.

Yemi	The second biggest, to be exact. That's right, you've guessed it: Canada!
Sarah	Yemi, what in the world are you wearing?
Yemi	It's my Canadian shirt. Do you like it?
Sarah	No, I don't. It's awful. And I don't think people in Canada wear those either. Right ... What's "in"? Well, shirts like Yemi's are definitely not "in".
Yemi	Ah, come on!
Sarah	But Toronto, the largest city in Canada, is very "in" right now. Everybody's going there.
Yemi	And what's "on" in Toronto are preparations for the yearly International Dragon Boat Races.
Sarah	And what's "up" is a UK concert tour by Arcade Fire. They're my favourite Canadian group right now.
Yemi	So where should we start, Sarah?
Sarah	Well, I was hoping you would tell us some more about these dragons.
Yemi	Not dragons, dragon boats. This ... is a dragon boat.

Montage: Dragon Boats

Yemi (VO)	People all over the world race these long boats, and the sport is really popular in Canada, especially in Toronto.
Sarah	Really? Why?
Yemi	Well, as you know, Canada is a land of immigrants, and the Chinese immigrants brought the sport with them and did it on Lake Ontario. The other Canadians saw it. They liked it, and they wanted to join in the fun.
Sarah	So anybody can join?
Yemi	Oh, yeah. Lots of people from all backgrounds take part in the sport. And every year there's a big International Dragon Boat Race Festival in Toronto.
Sarah	Cool. I'd love to see one of those races.
Yemi	Well, I've got a clip here. It will give you a good idea of what it's like.

Dragon Boat Races

Narr. (VO)	Just across the lake from downtown on scenic Centre Island the annual Toronto International Dragon Boat Race Festival takes place. The race now has a track record of attracting over 120,000 spectators and participants. This 2000 year old Chinese tradition has captured the attention of international sporting scenes. In Toronto over 200 dragon boat teams battle to be winners, and competition is stiff, as competitors all move to the beat of the drum to be first to cross the finish line.
Sarah	Wow. It must be really fun to be there and watch a race live.
Yemi	Well, all you got to do is buy a ticket and fly to Toronto.
Sarah	I'd love to.
Yemi	Me too.

Toronto

Yemi (VO)	Look at this. Toronto looks like it would be such a great place to visit.
Narr. (VO)	Toronto is the commercial capital of Ontario crowned by the CN Tower and the SkyDome, creating a distinctive skyline. Architectural icons include the classic Royal York Hotel and the Air Canada Centre used for sports and concerts. Young tourists love the individuality offered on Queen Street where hip and chic meet. It's famous for fashion finds, vintage shops and affordable souvenirs. Queen Street is a major route for the streetcar – otherwise known as the Red Rocket. Specialty coffee shops enliven every corner. Toronto's known for diverse ethnic neighbourhoods. Only blocks further north is Kensington market, made famous by the TV programme "The King of Kensington". Grocery markets abound with an outpouring decorating the streets seven days a week. This is the place to find novel clothing, especially items from the 60s and 70s. It's trendy and fun, congested with people clamouring for reasonably priced treasures. Seventh Avenue ain't got nothing on Kensington.
Sarah	Today, though, I want to talk about a film that actually takes place in Canada, in the south of Ontario. It's called "Fly Away Home".
Yemi	I remember this one. It's about a girl and some geese, isn't it?
Sarah	That's the one. Have you met my goose Gladys?
Yemi	Hi, Gladys.
Sarah	But back to the film. There's this girl Amy. At the start of the film she's living in New Zealand with her mother. But her mother dies in a car accident and she has to move to Canada to live with her dad, who's an artist.
Yemi	And a little bit crazy, if I remember correctly.
Sarah	Yes, a little. Here is how things go when she comes to her dad's house for the first time. He takes her to her room, where she slept years ago, when the family all lived together in Canada. The bedroom is a mess, because he keeps things there that he doesn't have room for in his workshop.

Fly Away Home (new/old home)

Tom/Dad	Well, the bed looks nice. I ran out of storage space in the workshop. Don't worry, I'll get this junk cleared out of here. Make it just like you remember it.
Amy	I don't.
Tom/Dad	You don't what?
Amy	Remember it. I'm really tired.
Tom/Dad	Yeah ... Good night.
Yemi	Wow, Amy really is unhappy there, isn't she?
Sarah	Yes, but things get better when she finds some goose eggs. Amy saves the eggs, she keeps them warm, and they hatch. Lots of sweet little baby geese come out. And because she's the first living thing the baby geese see, they think Amy is their mother. But there's a problem. Geese learn everything from their mother. They learn how to fly, where to migrate.
Yemi	That's right. Geese migrate. They fly south every winter, don't they?
Sarah	Yes, they do.
Yemi	But they can't learn to fly because their real mum is gone.
Sarah	Right. So let's see what happens.

Fly Away Home (geese) und Fly Away Home (flying)

Amy	Hey, hey, hey, come on, guys. Hey, goose ... Come on, geese, come on ... Hey, hey, hey ...
Ranger	So, how old is she?

Tom/Dad Thirteen.
Ranger Grow up pretty quick, don't they?
Tom/Dad To tell you the truth, I wouldn't know. It's amazing, isn't it? How they follow her around like that.
Ranger Yeah. It's called "imprinting". The first living thing a goose seeswhen it's born, it automatically assumes it's its mother. They'll follow her anywhere.
Yemi Now that's a problem!
Sarah Yes, it is. So Amy has to learn to fly.
Yemi Did you say "fly"? Geese have wings, people don't.
Sarah That's true, but Amy's dad flies ultra-light airplanes, so if Amy can learn how to fly ...
Yemi ... the geese will follow her.
Sarah Exactly. Let's watch what happens.
Yemi But we're almost out of time.
Sarah Yes, thanks for watching us today. We hope you'll join us again next time. But for now, let's fly away with Amy and her geese.

PROGRAMME 5: Music, music, music

Sarah Hi and welcome to "WWW".
Yemi What's "in" is music, what's "on" is music and what's "up" is "The Commitments". "The Commitments" is a book by Irish writer Roddy Doyle.
Sarah And also a film by English director Alan Parker.
Yemi It's about a group from Dublin called "The Commitments". Jimmy Rabbitte is a young Irishman with no job, who wants to start a group with some friends. Not so unusual there, you may say. But what's special about Jimmy's group is that although they're all white and live in Dublin, they're going to play soul music, Dublin soul. But the group needs more people.
So, Jimmy decides to place an ad in the local paper and invites people to try out for the band.

The Commitments (auditions)

Singer 1 Well, the black folks are starvin'
And the white trash is carpin'
And the KKK's all over the TV
Singer 2 Blood on the mirror
And there's blood on your face
Singer 3 You look so good
I've really done my best
Powder, paint, and lipstick
The latest Paris dress
Singer 4 Poppa, rumba, rumba
Hey, Poppa Joe, coconuts
Poppa Joe, hey, Poppa Joe
Yeah Poppa Joe
Singer 5 Why didn't you tell me you're bored?
Why didn't you tell me you're bored?
Singer 6 And still I dream he'll come to me
That we will live the years together
But there are dreams that cannot be
Singer 7 I'm in the haze of a drunken hour
But heaven knows I'm miserable now
Jimmy Yeah, I know how you feel.
Singer(s) 8 Elvis was a Cajun
He had a Cajun heart
Had to move down to Memphis
'Cause that's where he got his start
Jimmy Sr. That's fucking blasphemy!
Elvis wasn't a Cajun!
Singer(s) 8 And all that time in Graceland and in Vegas, where he got huge
Jimmy What do you play?
Young man I used to play football at school.
Jimmy I mean, what instrument?
Young man I don't.
Jimmy So, what are you doing here?
Young man Well, I saw everybody else lining up, so I thought you were selling drugs.
Jimmy Hey lads, this is Dean Fay.
Outspan How are you? Outspan Foster. That's Derek Scully.
Sarah There were some great acts there, weren't there, Yemi?
Yemi Yeah, there certainly were, Sarah. But isn't that the great thing about music though? There are so many different kinds of songs and bands and instruments. Everything from folk music to jazz.
Sarah To rap, to hip hop.

Fame

Yemi (VO) In "Fame", another film by director Alan Parker, kids auditioning for the New York School of Performing Arts offer just about everything, including a whole symphony orchestra out of one keyboard ...
Shorofsky Does he want to be a musician or an airline pilot? – Mr Martelli, we are ready when you are. Would you care to begin?
Bruno OK, sure.
Shorofsky Mr Martelli! – Mr Martelli! – Mr Martelli!
Thank you. One instrument at a time will be quite sufficient.
Bruno You know I could do it in 4/4 if you prefer it with a disco beat.
Sarah I love it! And it kinda makes a big point about music, doesn't it? Music really links people.
Yemi You're right, Sarah. And people may all be different. You know, look different, speak different languages. That sort of thing. But music can bring them together.

School of Rock

Sarah (VO) And music can bring together rich people and poor people, too. In the movie "School of Rock", actor Jack Black plays a poor rock singer who has been thrown out of his band. He gets a job as a teacher at a private school. The rich kids there don't like him. Then one day he discovers that they are talented musicians ...
Zack Mr S, what's going on?
Teacher I heard you in music class. You guys can really play. Why didn't anyone tell me? You, what's your name?
Zack Zack.
Teacher You play the guitar?
Zack Yeah.
Teacher OK, come here. You ever played electric guitar?
Zack My dad won't let me. He thinks it's a waste of time.

Teacher	A waste of ...? Try this one. OK. Here's the guitar pick. You pluck along with me, OK. If you can. – Yes! – Yes! OK, you stay right there. Don't move. Piano man, front and centre. What's your name?
Laurence	Laurence.
Teacher	Laurence? You ever played keyboards? Any techno?
Laurence	No, I only play piano.
Teacher	OK, alright, fair enough. Try this out for me, OK? Just give this a try on my count, alright? One, two, three, four. – Yeah! – Yes!
Yemi (VO)	And of course the band Black forms ... turns out to be great!
Teacher	What's up? Ah ... We're the School of Rock and this song was written by our own Zack Mooneyham. Baby, we was making straight A's But we were stuck in a dumb daze Don't take much to memorize your lies I feel like I've been hypnoti-sized And then, that magic man he come to town Woo-Wee! He done spun my head around He said "Recess is in session two and two make five" And now baby oh I'm alive Ah Yea! I am alive And if you wanna be the teacher's pet Well, baby you just better forget it Rock got no reason, rock got no rhyme You better get me to school on time
Sarah	I wonder how many of you, our viewers, play in a band or sing in a choir or DJ? It's a great way to meet new people.
Yemi	Or to just forget about your work and your worries. That's what "The Commitments" did when they got on stage. And, boy, they were brilliant.
Sarah	We're going to leave you with a clip from "The Commitments" best gig. I wish we could stay.
Yemi	But sadly we can't. So, that's goodbye from me, Yemi.
Sarah	And it's goodbye from me, Sarah. Join us again for another "WWW". "What's in? What's on? What's up?"
Yemi	In the meantime, it's music all the way, with "The Commitments" singing "Mustang Sally".

The Commitments (Mustang Sally)

Mustang Sally
Guess you better slow
the Mustang down
Mustang Sally, my baby
Guess you better slow
the Mustang down
You'd been runnin'
all over town
Oh, I guess you've got to put
your flat feet on the ground
Sing it to me one more time, girls!
All you wanna do
is ride around, Sally
Ride, Sally, ride
All you wanna do
is ride around, Sally
Ride, Sally, ride
All you wanna do
is ride around, Sally
Ride, Sally, ride
All you wanna do
is ride around, Sally
Ride, Sally, ride
One of these early mornings
I'm gonna be
wipin' those weeping eyes

Alamy, Abingdon
KV 2: Notting Hill Gate Street Street: Roger Cracknell; KV 9: Tram in Manchester: Neil White; Chinese Restaurant: Peter Erik Forsberg; KV 11: beverage machine: Misha Gordon

Caldonia TV, Glasgow
KV 8: Stills from *Over the See to School* courtesy of Caldonia TV

Cinetext Bild & Textarchive, Frankfurt am Main
KV 1: Notting Hill poster

dfd Deutscher Fotodienst, Berlin
KV 9: Robbie Williams: Michael Gottschalk

ddp images, Hamburg
KV 1: Brick Lane poster

iStockphoto, Calgary
KV 9: Chinese Lantern: Donald Johanssson; KV 11: breakfast; white bathroom: R. Sherwood Veith; looking at map: Simon Podgorsek; cozy retro diner: Marcus Lindström; KV 13: Boca Juniors stadium: Kamila Kowalska

Michael Weihrauch, Berlin
Cover

MGM Los Angeles
KV 19: Stills from *The Commitments* courtesy of MGM

Shutterstock, New York
KV 3: Microphone: Bill Fehr; KV 5: Flag poles: Dic Liew; KV 6: the crown: Ahmed Abusamra; KV 9: Routemaster at Ludgate Circus: Chris Jenner; P 51: Dwight Smith; Chinese Gate: Le Do; Shaolin warrior: Jose Gil; Ryan Giggs: Sportsphotographer.eu; Chinese New Year: David Peta; Dancing Dragon: Christophe Testi; Giant Panda: Kitch Bain; KV 10: Fireworks: botond Horváth; KV 11: coffee maker: Chas; typical English telephone booth: Bjarne Henning Kvalle; youth hostel: Lance Bellers; pool-hall: aagh; KV 13: Clapperboard: Doug Stevens; KV 19: Feng Yu

Sony Pictures Entertainment, Los Angeles
KV 17: Stills from *Fly Away Home* courtesy of Sony Pictures Entertainment

The Works, London
KV 4: Stills from *Brick Lane* courtesy of The Works